CASA DA INICIAÇÃO CRISTÃ
RITOS E CELEBRAÇÕES
BATISMO – CRISMA – EUCARISTIA

Leomar Antônio Brustolin

Dados Internacionais de Catalogação na Publicação (CIP)
(Câmara Brasileira do Livro, SP, Brasil)

Brustolin, Leomar A.
  Casa da Iniciação Cristã : ritos e celebrações : batismo – crisma – eucaristia / Leomar A. Brustolin. -- São Paulo : Paulinas, 2020. (Casa da Iniciação Cristã)

  Bibliografia
  ISBN 978-85-356-4592-7

  1. Sacramentos – Igreja Católica 2. Batismo (Liturgia) – Igreja Católica 3. Eucaristia (Liturgia) - Igreja Católica 4. Confirmação (Liturgia) – Igreja Católica 5. Celebrações ecumênicas I. Título II. Série

19-2440   CDD 265.3

Índice para catálogo sistemático:
1. Sacramentos – Igreja Católica   265.3
Angélica Ilacqua – Bibliotecária – CRB-8/7057

2ª edição – 2024

Direção-geral: *Flávia Reginatto*
Editora responsável: *Vera Ivanise Bombonatto*
Gerente de produção: *Felício Calegaro Neto*

Nenhuma parte desta obra poderá ser reproduzida ou transmitida por qualquer forma e/ou quaisquer meios (eletrônico ou mecânico, incluindo fotocópia e gravação) ou arquivada em qualquer sistema de banco de dados sem permissão escrita da Editora. Direitos reservados.

Cadastre-se e receba nossas informações
paulinas.com.br
Telemarketing e SAC: 0800-7010081

Paulinas
Rua Dona Inácia Uchoa, 62
04110-020 – São Paulo – SP (Brasil)
📞 (11) 2125-3500
✉ editora@paulinas.com.br
© Pia Sociedade Filhas de São Paulo – São Paulo, 2020

SUMÁRIO

APRESENTAÇÃO ... 7

BATISMO
- ACOLHIDA DO BATIZANDO NA COMUNIDADE ... 9
- BATISMO DE CRIANÇA NA MISSA ... 12
- BATISMO DE CRIANÇA FORA DA MISSA ... 19
- ANIVERSÁRIO DE BATISMO ... 26

EUCARISTIA 1
- INÍCIO DO ANO CATEQUÉTICO ... 27
- ENTREGA DA PALAVRA DE DEUS ... 30
- ENTREGA DO ROSÁRIO ... 32
- ENTREGA DO PAI-NOSSO ... 34
- ENTREGA DO MANDAMENTO DO AMOR ... 35
- ENCERRAMENTO DA ETAPA E RENOVAÇÃO DAS PROMESSAS DO BATISMO ... 38
- ENCERRAMENTO DA ETAPA, BATISMO DAS CRIANÇAS QUE ESTÃO NA CATEQUESE E RENOVAÇÃO DAS PROMESSAS DO BATISMO ... 42

EUCARISTIA 2
- ENTREGA DO CREIO ... 48
- SACRAMENTO DA PENITÊNCIA – PRIMEIRA CONFISSÃO ... 50
- PRIMEIRA COMUNHÃO EUCARÍSTICA ... 57

CRISMA 1

- ENTREGA DO ESCAPULÁRIO — 63
- CELEBRAÇÃO PENITENCIAL — 65
- ENCERRAMENTO E ENTREGA DA CRUZ — 68

CRISMA 2

- RITO DO SINAL-DA-CRUZ — 71
- RITO DA PURIFICAÇÃO — 76
- RITO DA ILUMINAÇÃO — 78
- RITO DA LIBERTAÇÃO — 80
- CELEBRAÇÃO DA PENITÊNCIA — 82
- CELEBRAÇÃO DA CRISMA — 89

ADULTOS

- ENTRADA NO CATECUMENATO — 99
- ENTREGA DO PAI-NOSSO AOS ADULTOS — 104
- ENTREGA DO CREIO AOS ADULTOS — 106
- RITO DE ELEIÇÃO E INSCRIÇÃO DO NOME — 108
- PRIMEIRO ESCRUTÍNIO – 3º Domingo da Quaresma — 112
- SEGUNDO ESCRUTÍNIO – 4º Domingo da Quaresma — 115
- TERCEIRO ESCRUTÍNIO – 5º Domingo da Quaresma — 118
- CELEBRAÇÃO PENITENCIAL — 120
- CELEBRAÇÃO DOS SACRAMENTOS DO BATISMO, DA CRISMA E DA EUCARISTIA DOS CATECÚMENOS NA VIGÍLIA PASCAL — 126
- CELEBRAÇÃO DOS SACRAMENTOS DA CRISMA E DA EUCARISTIA DE ADULTOS — 133
- ENVIO MISSIONÁRIO E ENTREGA DA CRUZ — 135

CELEBRAÇÃO DE ENVIO DE CATEQUISTAS — 137

APRESENTAÇÃO
LITURGIA E CATEQUESE

Muito se tem insistido, nos últimos tempos, em promover a unidade fundamental entre *catequese* e *liturgia* no processo de Iniciação à Vida Cristã. Trata-se de recuperar o sentido original da transmissão da fé como faziam as comunidades cristãs primitivas. Os primeiros cristãos compreendiam o significado de professar a mesma fé que os apóstolos ensinavam, participando da celebração dos mistérios de Cristo na sagrada liturgia. Participar da vida litúrgica é condição indispensável para alguém ser iniciado na vida em Cristo. Os sacramentos celebrados realizam a configuração do cristão ao seu Senhor.

Pela escuta da Palavra, pela prece comunitária e pela Eucaristia, crescem a comunhão da pessoa com Deus e a dos membros da única família de Cristo entre si. Essa riqueza precisa, cada vez mais, ser compreendida e valorizada por nós.

Para favorecer a unidade entre catequese e liturgia, oferecemos este subsídio litúrgico-catequético que reúne os ritos, as entregas e as celebrações na formação para o Batismo, a Crisma e a Eucaristia de crianças, jovens e adultos que seguem o roteiro *da Coleção Casa da Iniciação Cristã*. Ele pretende auxiliar quem preside as celebrações, as equipes de liturgia, os catequistas e a comunidade cristã para bem-celebrar. Os ritos estão contidos nos diversos livros da coleção e, aqui, dispostos para servir também de *Livro do Altar*, para uso durante a celebração litúrgica.

Que saibamos acolher o que ensina São João Crisóstomo: "Se é verdade que tu podes rezar em casa, não te será, porém, possível rezar do mesmo modo como se reza na assembleia."[1]

Dom Leomar Antônio Brustolin

---

[1] SÃO JOÃO CRISÓSTOMO. *Surl'incompréhensibilité de Dieu,* 3T, p. 383-384.

ACOLHIDA DO BATIZANDO NA COMUNIDADE[2]

O catequista de Batismo acolhe pais, padrinhos e convidados na porta da Igreja e os conduz aos primeiros bancos. Explica como acontece o Rito Inicial. Após a saudação, apresenta a(s) família(s) da(s) criança(s) à comunidade.

Canto inicial e Sinal-da-Cruz

Saudação inicial

Catequista: Caríssimo padre (diácono ou ministro), irmãos e irmãs desta comunidade, tenho uma grande alegria a comunicar. Hoje conheceremos mais uma (duas...) criança(s) que, em breve, receberá(ão) o Batismo.

Presidente: Quem são os pais e padrinhos?

Catequista: Aproximem-se os familiares da(s) criança(s) que será(ão) batizada(s).

Os pais se colocam com a criança diante do altar, de frente para quem preside a celebração.

Presidente: Queridos pais e mães, vocês transmitiram a vida a esta(s) criança(s) e a(s) receberam como um dom de Deus, um verdadeiro presente. Que nome vocês escolheram para esta(s) criança(s)?

Mãe: *Diz o nome da criança.*

Presidente: Assim como Jesus acolhia as crianças, também quero, em nome da comunidade, receber o(a) filho(a) de vocês.

Se possível, quem preside acolhe nos braços a criança e mostra para a comunidade dizendo:

Presidente: Esta criança é uma bênção de Deus para a humanidade.

A comunidade se manifesta com aplauso.

---

[2] *Livro do catequista:* Casa da Iniciação Cristã: Batismo de crianças. São Paulo: Paulinas, 2018. p. 49. E *Livro da família*, p.21.

BATISMO

Presidente: Queridos pais e mães, estamos muito felizes porque vocês decidiram trazer seu(sua) filho(a) para a nossa comunidade. O que vocês pedem à Igreja de Deus para ele(ela)?

Mães e pais: *O Batismo!*

Presidente: Pelo Batismo esta(s) criança(s) farão parte da Igreja. Vocês querem ajudá-la(s) a crescer na fé, observando os mandamentos e vivendo na comunidade dos seguidores de Jesus?

Mães e pais: *Sim, queremos!*

Presidente: Padrinhos e madrinhas, vocês estão dispostos a colaborar com os pais em sua missão?

Padrinhos e madrinhas: *Sim, estamos!*

Presidente: E todos vocês, queridos irmãos e irmãs aqui reunidos, querem ser uma comunidade de fé e de amor para esta(s) criança(s)?

Todos: *Sim, queremos!*

Sinal-da-Cruz

Presidente: Nosso sinal é a cruz de Cristo. Por isso, vamos marcar esta(s) criança(s) com o sinal do Cristo Salvador. Assim, nós a(s) acolhemos na comunidade cristã.

O Sinal-da-Cruz na fronte da(s) criança(s) é feito por quem preside, pelo pai e pela mãe e, se possível, pelos catequistas.

Presidente: Convido todos para fazermos um momento de silêncio e dirigirmos nossa oração pessoal a Deus para que olhe com muito carinho por esta(s) criança(s), sua família e nossa comunidade. Rezemos!

Todos permanecem em silêncio.

Presidente: Ó Pai, que pelo Batismo nos tornais participantes de vossa família, abri nosso coração para receber vossa Palavra e vivê-la com alegria. Que todos nós sejamos um bom exemplo de cristão para esta(s) criança(s). Por Cristo, Nosso Senhor.

Todos: *Amém!*

BATISMO

Presidente: Prezados pais e padrinhos, pelo Batismo esta(s) criança(s) fará(farão) parte desta família de Deus que é a Igreja. Esta é nossa casa. Esperamos que, a partir de agora, vocês se sintam cada vez mais parte desta família. Em breve teremos a grande alegria de celebrar com vocês o Batismo desta(s) criança(s). Agora podem voltar aos bancos e continuar a celebrar conosco. No final da celebração, eu convido as lideranças da comunidade para felicitarem essa(s) nova(s) família(s) que está(ão) se preparando para o Batismo de sua(s) criança(s).

BATISMO DE CRIANÇA NA MISSA[3]

O catequista de Batismo acolhe os pais, padrinhos na porta da Igreja e lhes indica que participarão da procissão de entrada da celebração.

Catequista: Irmãos e irmãs, estamos reunidos para celebrar a Eucaristia, fazendo memória da paixão, morte e ressurreição de nosso Redentor, Jesus Cristo. No Pão da Eucaristia e no Pão da Palavra, nos encontramos com ele, nossa paz e nossa vida. Hoje, temos também a alegria de acolher pais e padrinhos da(s) criança(s) que receberá(ão) o sacramento do Batismo. Iniciemos nossa celebração, cantando.

Canto de entrada

Pais e padrinhos se posicionam em frente do altar ou num lugar de destaque no presbitério.

Sinal-da-Cruz e saudação inicial

Omite-se o ato penitencial.

Imposição das mãos

Catequista: Prezada comunidade, nossa comunidade já acolheu **N.**, *(dizer o(s) nome(s) da(s) criança(s)*, que hoje será(ão) batizada(s). Alegremo-nos com seus pais e padrinhos que aqui retornam hoje para celebrar o Batismo.

Presidente: Irmãos e irmãs na fé, o Batismo é o grande dom que recebemos de Deus, por intermédio da Igreja. Essa(s) criança(s) foi(ram) acolhida(s) com o Sinal-da-Cruz, nosso sinal de identidade cristã. Hoje, no início da celebração, convido a fazermos um momento de oração e de bênção sobre esta(s) criança(s) que, durante esta missa, será(ão) batizada(s). Façamos nossa prece pessoal e acompanhemos em silêncio a imposição das mãos sobre ela(s).

---

[3] *Livro do catequista:* Casa da Iniciação Cristã: Batismo de crianças. São Paulo: Paulinas, 2018. p. 52. E *Livro da família*, p. 52.

BATISMO

Breve momento de silêncio. Quem preside impõe as mãos sobre as crianças. Se possível, também os pais.

Presidente: Deus da vida e do amor, vós enviastes vosso Filho Jesus ao mundo para nos libertar do pecado e da morte. Afastai todo mal desta(s) criança(s) e ajudai-a(s) a combater o bom combate. Como templo(s) vivo(s) do Espírito Santo, manifestem as maravilhas do vosso amor. Por Cristo, nosso Senhor.

Todos: *Amém!*

Unção pré-batismal

Presidente: Deus nunca nos abandona e sempre nos fortalece com sua graça. Por isso, acompanhemos a unção com o óleo dos batizandos, simbolizando a graça que esta(s) criança(s) hoje recebe(m).

Oração sobre o óleo

O catequista ou outro ministro segura o recipiente com o óleo e o deixa bem visível para a assembleia.

Presidente: Ó Deus, proteção de vosso povo, que fizestes do óleo vossa criatura, um sinal de fortaleza. Concedei a esta(s) criança(s) a força, a sabedoria e as virtudes divinas, para que siga(m) o caminho do Evangelho de Jesus, torne(m)-se generosa(s) no serviço do Reino; e, digna(s) da adoção filial, alegre(m)-se por ter(em) nascido no Batismo e pertencer(em) à vossa Igreja. Por Cristo, Nosso Senhor.

Todos: *Amém!*

Unção com óleo no peito da(s) criança(s)

Presidente: O Cristo Salvador lhe(s) dê sua força. Que ela penetre na vida de cada uma como este óleo em seu peito.

Quem preside unge o peito das crianças.

Hino de glória

Se o tempo litúrgico sugerir.

Oração do dia

BATISMO

Liturgia da Palavra

Breve homilia

Ladainhas

Presidente: Irmãos e irmãs, supliquemos a misericórdia de Deus por esta(s) criança(s), sua(s) família(s), padrinho(s) e madrinha(s), e por todo o Povo de Deus, cantando:

Catequista: Santa Maria, Mãe de Deus,

Todos: *Rogai por nós!*

Catequista: São João Batista,

Catequista: São José,

Catequista: São Pedro e São Paulo,

Catequista: Santa Maria Madalena,

Catequista: São Francisco,

Catequista: Santa Teresa,

Catequista: Santo Antônio,...

Podem-se acrescentar outros santos, especialmente do padroeiro da comunidade ou de devoção local.

Catequista: Todos os santos e santas de Deus,

Todos: *Rogai por nós!*

Bênção da água

Catequista: Convidamos os pais e padrinhos para que conduzam seus filhos e afilhados até a fonte batismal onde acompanharemos a bênção da água, o Batismo e a unção com o óleo do Crisma.

Se houver batistério, faz-se uma procissão até ele, com pais e padrinhos.

Presidente: Meus irmãos e minhas irmãs, sabemos que Deus quis servir-se da água para dar sua vida aos que creem. Unamos nossos corações, suplicando ao Senhor que derrame sua graça sobre seus escolhidos.

Breve silêncio.

BATISMO

Presidente: Ó Deus, pelos sinais visíveis dos sacramentos realizais maravilhas invisíveis. Ao longo da história da salvação, Vós vos servistes da água para nos fazer conhecer a graça do Batismo. Já na origem do mundo, vosso Espírito pairava sobre as águas, para que elas concebessem a força de santificar.

Todos: *Fontes do Senhor, bendizei o Senhor!*

Presidente: Nas águas do dilúvio, prefigurastes o nascimento da nova humanidade, de modo que a mesma água sepultasse os vícios e fizesse nascer a santidade. Concedestes aos filhos de Abraão atravessar o mar Vermelho a pé enxuto para que, livres da escravidão, prefigurassem o povo nascido da água do Batismo.

Todos: *Fontes do Senhor, bendizei o Senhor!*

Presidente: Vosso Filho, ao ser batizado nas águas do Jordão, foi ungido pelo Espírito Santo. Pendente da cruz, do seu coração aberto pela lança, fez correr sangue e água. Após sua ressurreição, ordenou aos apóstolos: "Ide, fazei todos os povos discípulos meus batizando-os em nome do Pai, e do Filho e do Espírito Santo."

Todos: *Fontes do Senhor, bendizei o Senhor!*

Presidente: Olhai, agora, ó Pai, a vossa Igreja e fazei brotar para ela a água do Batismo. Que o Espírito Santo dê, por esta água, a graça de Cristo, a fim de que homem e mulher, criados à vossa imagem, sejam lavados da antiga culpa pelo Batismo e renasçam pela água e pelo Espírito Santo para uma vida nova.

Quem preside toca na água ou mergulha o círio pascal uma ou três vezes dizendo:

Presidente: Nós vos pedimos, ó Pai, que por vosso Filho desça sobre esta água a força do Espírito Santo *(e mantendo o círio na água, continua)*. E todos os que, pelo Batismo, forem sepultados na morte com Cristo, ressuscitem com ele para a vida. Por Cristo, Nosso Senhor.

Todos: *Amém!*

Promessas do Batismo

Presidente: Caros pais e padrinhos, o amor de Deus vai infundir nesta(s) criança(s) uma vida nova, nascida da água pelo poder do Espírito Santo. Se vocês estão dispostos a educá-la(s) na fé, renovem, agora, suas promessas batismais.

BATISMO

Presidente: Para viver na liberdade dos filhos de Deus, vocês renunciam ao pecado?

Pais e padrinhos: *Renuncio!*

Presidente: Para viver como irmãos, vocês renunciam a tudo o que causa desunião?

Pais e padrinhos: *Renuncio!*

Presidente: Para seguir Jesus Cristo, vocês renunciam ao demônio, autor e princípio do pecado?

Pais e padrinhos: *Renuncio!*

Presidente: Vocês creem em Deus Pai todo-poderoso, criador do céu e da terra?

Pais e padrinhos: *Creio!*

Presidente: Vocês creem em Jesus Cristo, seu único Filho, Nosso Senhor, que nasceu da Virgem Maria, padeceu e foi sepultado, ressuscitou dos mortos e subiu ao céu?

Pais e padrinhos: *Creio!*

Presidente: Vocês creem no Espírito Santo, Senhor e fonte de vida?

Pais e padrinhos: *Creio!*

Presidente: Vocês creem na santa Igreja Católica, na comunhão dos santos, na remissão dos pecados, na ressurreição dos mortos e na vida eterna?

Pais e padrinhos: *Creio!*

Presidente: Esta é a nossa fé, que da Igreja recebemos e sinceramente professamos, razão de nossa alegria em Cristo, Nosso Senhor.

Todos: *Amém!*

Batismo

Presidente: Caros pais, vocês querem que **N.** seja batizado(a) na fé da Igreja que acabamos de professar?

Pais e padrinhos: *Queremos!*

Quem preside batiza a criança, dizendo:

N., EU TE BATIZO EM NOME DO PAI, E DO FILHO E DO ESPÍRITO SANTO.

Todos: *Amém!*

Unção pós-batismal

Presidente: Querida(s) criança(s), pelo Batismo, Deus Pai a(s) libertou(aram) do pecado e você(s) renasceu(ram) pela água e pelo Espírito Santo. Agora você(s) faz(em) parte do povo de Deus. Que ele a(s) consagre com o óleo santo, para que, inserida(s) em Cristo, sacerdote, profeta e rei, continue(m) no seu povo até a vida eterna.

Todos: *Amém!*

Presidente: Saudemos com alegria esta(s) criança(s) e sua(s) família(s) com uma salva de palmas.

Pais e padrinhos retornam aos seus lugares na assembleia.

Apresentação das oferendas

A celebração segue como de costume.

Pai-Nosso e rito da luz

Após a doxologia e antes do convite para rezar o Pai-Nosso, segue o Rito abaixo. Conforme o número de crianças e o acesso ao presbitério, convidar os pais a aproximarem as crianças em torno do altar, recordando a unidade do Batismo com a Eucaristia que elas receberão daqui a alguns anos.

Presidente: Convidamos os padrinhos para acenderem a vela no círio pascal e, depois, pais e padrinhos segurem, juntos, a vela.

Esperar que todos façam o gesto.

Presidente: Recebe(am) a luz de Cristo!

Presidente: Querida(s) criança(s), você(s) foi(ram) iluminada(s) por Cristo para se tornar(em) luz do mundo. Com a ajuda de seus pais e padrinhos, caminhe(m) como filha(s) da luz.

Todos: *Amém!*

Presidente: Irmãos e irmãs, esta(s) criança(s) que foi(ram) batizada(s) é(são) chamada(s), em Cristo, a viver plenamente como filha(s) de Deus Pai. Na alegria de estarmos reunidos em família, invoquemos nosso Pai rezando, como Jesus nos ensinou:

Todos: *Pai-Nosso...*

Apagam-se as velas. Segue a celebração como de costume.

Bênção final

Presidente: Ó Deus de bondade, abençoai a(s) mãe(s) desta(s) criança(s), para que seja(m) feliz(es), vendo seu(s) filho(s) sua(s) filha(s) crescer(em) em idade, sabedoria e graça em Cristo Jesus, Nosso Senhor.

Todos: *Amém!*

Presidente: Ó Deus de amor, abençoai o(s) pai(s) desta(s) criança(s), a fim de que, unido(s) à(s) sua(s) esposa(s), tenha(m) a alegria de oferecer condições de vida digna para seu(s) filho(s) / sua(s) filha(s) e o incentivo da fé, em Cristo Jesus, Nosso Senhor.

Todos: *Amém!*

Presidente: Ó Deus da vida, abençoai o(s) padrinho(s) e a(s) madrinha(s) desta(s) criança(s), para que sejam membros vivos do vosso povo, e concedei-lhes sempre a vossa paz, em Cristo Jesus, Nosso Senhor.

Todos: *Amém!*

Presidente: Desça sobre todos aqui reunidos a bênção do Deus rico em misericórdia: Pai, e Filho e Espírito Santo.

Todos: *Amém!*

BATISMO DE CRIANÇA FORA DA MISSA[4]

Catequista: Caros amigos e amigas, chegou o grande dia de celebrar o Batismo de **N.** *Dizer o nome da(s) criança(s).* Com muita alegria, recebemos cada um de vocês. Somos a Igreja, a família de Deus e vamos juntos participar desse momento inesquecível na vida desta(s) criança(s).

Sinal-da-Cruz e saudação inicial

Imposição das mãos

Presidente: Irmãos e irmãs na fé, o Batismo é o grande dom que recebemos de Deus, por intermédio da Igreja. Essa(s) criança(s) foi(ram) acolhida(s) com o Sinal-da-Cruz, nosso sinal de identidade cristã. Hoje, no início da celebração, convido-os a fazermos um momento de oração e de bênção sobre esta(s) criança(s) que, durante esta missa, será(ão) batizada(s). Façamos nossa prece pessoal e acompanhemos, em silêncio, a imposição das mãos sobre elas.

Breve momento de silêncio. Quem preside impõe as mãos sobre as crianças. Se possível também os pais.

Presidente: Deus da vida e do amor, vós enviastes vosso Filho Jesus ao mundo para nos libertar do pecado e da morte. Afastai todo mal desta(s) criança(s) e ajudai-a(s) a combater o bom combate. Como templo(s) vivo(s) do Espírito Santo, manifestem as maravilhas do vosso amor. Por Cristo, Nosso Senhor.

Todos: *Amém!*

Unção pré-batismal

Presidente: Deus nunca nos abandona e sempre nos fortalece com a sua graça. Por isso acompanhemos a unção com o óleo dos batizandos, simbolizando a graça que esta(s) criança(s), hoje, recebe(m).

---

[4] *Livro do catequista:* Casa da Iniciação Cristã: Batismo de crianças. São Paulo: Paulinas, 2018. p. 59. E *Livro da família*, p. 30.

Oração sobre o óleo

O catequista ou outro ministro segura o recipiente com o óleo e o deixa bem visível para a assembleia.

Presidente: Ó Deus, proteção de vosso povo, que fizestes do óleo, vossa criatura, um sinal de fortaleza, concedei a esta(s) criança(s) a força, a sabedoria e as virtudes divinas, para que siga(m) o caminho do Evangelho de Jesus, torne(m)-se generosa(s) no serviço do Reino e digna(s) da adoção filial, alegre(m)-se por ter(em) nascido no Batismo e pertencer(em) à vossa Igreja. Por Cristo, Nosso Senhor.

Todos: *Amém!*

Presidente: O Cristo Salvador lhe dê a sua força, que ela penetre em sua vida como este óleo em seu peito.

Quem preside unge o peito das crianças.

Canto de Aclamação ao Evangelho: Mt 28, 18-20

Presidente: O Senhor esteja convosco.

Todos: *Ele está no meio de nós.*

Presidente: Proclamação do Evangelho de Jesus Cristo segundo Mateus

Todos: *Glória a vós, Senhor!*

Presidente: Naquele tempo, Jesus aproximou-se e falou aos seus discípulos: "Toda a autoridade me foi dada no céu e sobre a terra. Portanto, ide e fazei discípulos meus todos os povos, batizando-os em nome do Pai e do Filho e do Espírito Santo, ensinando-os a observar tudo o que vos ordenei! Eis que eu estarei convosco todos os dias, até o fim do mundo." Palavra da Salvação.

Todos: *Glória a vós, Senhor!*

Homilia

Ladainhas

Presidente: Invoquemos os Santos de Deus.

BATISMO

Catequista: Santa Maria, Mãe de Deus,
Todos: *Rogai por nós!*
Catequista: São João Batista,
Catequista: São José,
Catequista: São Pedro e São Paulo,
Catequista: Santa Maria Madalena,
Catequista: São Francisco,
Catequista: Santa Teresa,
Catequista: Santo Antônio,...

Podem-se invocar outros santos de devoção ou padroeiros.

Catequista: Todos os Santos e Santas de Deus,
Todos: *Rogai por nós!*

Liturgia batismal

Catequista: Convidamos os pais e padrinhos para que conduzam seus filhos e afilhados até a fonte batismal onde acompanharemos a bênção da água, o Batismo e a unção com o óleo do Crisma.

Se houver batistério, faz-se uma procissão até ele com pais e padrinhos.

Oração sobre a água

Presidente: Meus irmãos e minhas irmãs, sabemos que Deus quis servir-se da água para dar sua vida aos que creem. Unamos nossos corações, suplicando ao Senhor que derrame sua graça sobre os seus escolhidos.

Breve silêncio.

Presidente: Ó Deus, pelos sinais visíveis dos sacramentos, realizais maravilhas invisíveis. Ao longo da história da salvação, Vós vos servistes da água para fazer-nos conhecer a graça do Batismo. Já na origem do mundo, vosso Espírito pairava sobre as águas, para que elas concebessem a força de santificar.

Todos: *Fontes do Senhor, bendizei o Senhor!*

BATISMO

Nas águas do dilúvio, prefigurastes o nascimento da nova humanidade, de modo que a mesma água sepultasse os vícios e fizesse nascer a santidade. Concedestes aos filhos de Abraão atravessar o mar Vermelho a pé enxuto, para que, livres da escravidão, prefigurassem o povo nascido na água do Batismo.

Todos: *Fontes do Senhor, bendizei o Senhor!*

Presidente: Vosso Filho, ao ser batizado nas águas do Jordão, foi ungido pelo Espírito Santo. Pendente da cruz, do seu coração aberto pela lança, fez correr sangue e água. Após sua ressurreição, ordenou aos apóstolos: "Ide, fazei todos os povos discípulos meus batizando-os em nome do Pai, do Filho e do Espírito Santo."

Todos: *Fontes do Senhor, bendizei o Senhor!*

Presidente: Olhai, agora, ó Pai, a vossa Igreja e fazei brotar para ela a água do Batismo. Que o Espírito Santo dê, por esta água, a graça de Cristo, a fim de que homem e mulher, criados à vossa imagem, sejam lavados da antiga culpa pelo Batismo e renasçam pela água e pelo Espírito Santo para uma vida nova.

Quem preside toca na água ou nela mergulha o círio pascal uma ou três vezes, dizendo:

Presidente: Nós vos pedimos, ó Pai, que por vosso Filho desça sobre esta água a força do Espírito Santo *(e mantendo o círio na água, continua)* E todos os que, pelo Batismo, forem sepultados na morte com Cristo, ressuscitem com Ele para a vida. Por Cristo, Nosso Senhor.

Todos: *Amém!*

Promessas do Batismo

Presidente: Caros pais e padrinhos, o amor de Deus vai infundir nestas crianças uma vida nova, nascida da água pelo poder do Espírito Santo. Se vocês estão dispostos a educá-las na fé, renovem agora suas promessas batismais.

Presidente: Para viver na liberdade dos filhos de Deus, vocês renunciam ao pecado?

Pais e padrinhos: *Renuncio!*

BATISMO

Presidente: Para viver como irmãos, vocês renunciam a tudo o que causa desunião?

Pais e padrinhos: *Renuncio!*

Presidente: Para seguir Jesus Cristo, vocês renunciam ao demônio, autor e princípio do pecado?

Pais e padrinhos: *Renuncio!*

Presidente: Vocês creem em Deus Pai todo-poderoso, criador do céu e da terra?

Pais e padrinhos: *Creio!*

Presidente: Vocês creem em Jesus Cristo, seu único Filho, Nosso Senhor, que nasceu da Virgem Maria, padeceu e foi sepultado, ressuscitou dos mortos e subiu ao céu?

Pais e padrinhos: *Creio!*

Presidente: Vocês creem no Espírito Santo, Senhor e fonte de vida?

Pais e padrinhos: *Creio!*

Presidente: Vocês creem na santa Igreja Católica, na comunhão dos santos, na remissão dos pecados, na ressurreição dos mortos e na vida eterna?

Pais e padrinhos: *Creio!*

Presidente: Esta é a nossa fé, que da Igreja recebemos e sinceramente professamos, razão de nossa alegria em Cristo, Nosso Senhor.

Todos: *Amém!*

Batismo

Presidente: Caros pais, vocês querem que **N.** seja batizado(a) na fé da Igreja que acabamos de professar?

Pais e padrinhos: *Queremos!*

Quem preside batiza a criança, dizendo:

N., EU TE BATIZO EM NOME DO PAI, E DO FILHO E DO ESPÍRITO SANTO.

Todos: *Amém!*

BATISMO

Unção pós-batismal

Presidente: Querida(s) criança(s), pelo Batismo, Deus Pai a(s) libertou do pecado, e você(s) renasceu(ram) pela água e pelo Espírito Santo. Agora você(s) faz(em) parte do povo de Deus. Que ele a(s) consagre com o óleo santo, para que, inserida(s) em Cristo, sacerdote, profeta e rei, continue(m) no seu povo até a vida eterna.

Todos: *Amém!*

Veste batismal

Presidente: Querida(s) criança(s), você(s) nasceu(ram) de novo e se revestiu(ram) do Cristo; por isso, você(s) traz(em) a veste batismal. Que seus pais e padrinhos a(s) ajude(m) por sua palavra e exemplo a conservar a dignidade de filha(s) de Deus até a vida eterna.

Todos: *Amém!*

Rito da luz

Presidente: Convidamos os padrinhos para acenderem a vela no círio pascal e, depois, pais e padrinhos segurem, juntos, a vela.
Esperar que todos façam o gesto.

Presidente: Recebe(am) a luz de Cristo!

Presidente: Querida(s) criança(s), você(s) foi(ram) iluminada(s) por Cristo para se tornar(em) luz do mundo. Com a ajuda de seus pais e padrinhos, caminhe(m) como filha(s) da luz.

Todos: *Amém!*

Oração do Senhor

Presidente: Irmãos e irmãs, esta(s) criança(s) que foi(ram) batizada(s) é(são) chamada(s), em Cristo, a viver plenamente como filha(s) de Deus Pai. Na alegria de estarmos reunidos em família, invoquemos nosso Pai rezando, como Jesus nos ensinou:

Todos: *Pai-Nosso...*

Apagam-se as velas.

Bênção final

Presidente: Ó Deus de bondade, abençoai a(s) mãe(s) desta(s) criança(s), para que seja(m) feliz(es), vendo seu(s) filho(s) / sua(s) filha(s) crescer(em) em idade, sabedoria e graça em Cristo Jesus, Nosso Senhor.

Todos: *Amém!*

Presidente: Ó Deus de amor, abençoai o(s) pai(s) desta(s) criança(s), a fim de que, unido(s) à(s) sua(s) esposa(s), tenha(m) a alegria de oferecer condições de vida digna para seu(s) filho(s) / sua(s) filha(s) e o incentivo da fé, em Cristo Jesus, Nosso Senhor.

Todos: *Amém!*

Presidente: Ó Deus da vida, abençoai o(s) padrinho(s) e a(s) madrinha(s) desta(s) criança(s), para que sejam membros vivos do vosso povo, e concedei-lhes sempre a vossa paz, em Cristo Jesus, Nosso Senhor.

Todos: *Amém!*

Presidente: Desça sobre todos aqui reunidos a bênção do Deus rico em misericórdia: Pai, e Filho e Espírito Santo.

Todos: *Amém!*

BATISMO

ANIVERSÁRIO DE BATISMO[5]

Essa celebração pode ser realizada na data mais conveniente para a comunidade: na missa da Festa do Batismo do Senhor ou nas missas dos domingos do tempo pascal que são as datas mais adequadas pela própria liturgia do dia. Sugere-se que, a cada ano, se convide todos que foram batizados no ano anterior, para que celebrem o aniversário de Batismo. Ao final da missa, a comunidade poderia oferecer um café ou lanche de confraternização aos familiares.

Estrutura da celebração

1. Na porta da igreja, os catequistas acolhem a criança e seus pais, convidando-os a participarem da procissão de entrada.

2. Após o Sinal-da-Cruz, quem preside saúda os pais das crianças que completam aniversário de Batismo.

3. Após a homilia, convidam os pais para se dirigirem com as crianças à fonte batismal onde se realiza a renovação das promessas batismais com toda a comunidade.

4. Ao final da missa, antes da bênção, convidam os pais para que se aproximem do altar e impondo as mãos sobre as famílias, quem preside reza:

"Deus, por tua providência, os instantes do passado não se perdem e nenhuma esperança do futuro é vã. Concede que tenha efeito permanente a solenidade passada da qual agora fazemos memória, a fim de que o que é revivido pela lembrança, nós o vivamos sempre em nosso agir."[6]

Em seguida, procede à bênção, e a comunidade entrega um símbolo ou recordação da paróquia.

---

[5] *Livro do catequista:* Casa da Iniciação Cristã: Batismo de crianças. São Paulo: Paulinas, 2018. p. 70. E *Livro da família,* p. 30.
[6] *Sacramentário Gelasiano,* século VII, ns. 504-509.

EUCARISTIA 1

INÍCIO DO ANO CATEQUÉTICO[7]

Preparar

Reservam-se os primeiros bancos da igreja para os catequizandos.

O coordenador da catequese prepara uma lista com o nome de todos os catequizandos e o de seus catequistas.

Todos entram em procissão. Após o Sinal-da-Cruz, realizar o rito de abertura da catequese.

No final da celebração, é interessante que cada catequista distribua a seus catequizandos um sinal de boas-vindas (um pirulito, uma bala ou um bombom acompanhado de um cartão).

Acolhida

Catequista: Nossa comunidade tem a alegria de receber, hoje, os catequistas e os catequizandos que, neste ano, iniciarão o caminho da catequese. Saudamos também seus familiares que celebram conosco. Unidos, celebremos a paixão, morte e ressurreição do Senhor Jesus. Acompanhemos a procissão de entrada, cantando:

Canto de entrada

Sinal-da-Cruz e saudação inicial

Apresentação dos catequizandos

Catequista: Todos podem sentar-se. Prezado padre *(ou diácono, ou ministro)* aqui estão nossos catequizandos deste ano. Alguns estão iniciando o processo catequético, e outros darão continuidade à caminhada.

Presidente: Quem são eles?

Catequista: Queiram ficar de pé aqueles que participarão da catequese neste ano.

---

[7] *Livro do catequista:* Casa da Iniciação Cristã: Eucaristia 1 – História da Salvação. São Paulo: Paulinas, 2017. p. 170. Consta também no *Livro do catequista:* Casa da Iniciação Cristã: Eucaristia 2 – Jesus Cristo. São Paulo: Paulinas, 2018. p. 206.

EUCARISTIA 1

Presidente: Apresente, por favor, os seus nomes!

É entregue a lista ao presidente da celebração.

Catequista: São estes os nomes dos que irão frequentar a catequese neste ano.

O presidente da celebração recebe a lista com o nome dos catequizandos e, conforme o número de catequizandos, o catequista poderá dizer o nome deles em voz alta.

Presidente: Meus irmãos e minhas irmãs catequizandos, o que vocês pedem à Igreja?

Catequizandos: *Queremos aprender o caminho para seguir Jesus Cristo.*

Presidente: O que isso dará a vocês?

Catequizandos: *A felicidade e a vida eterna.*

Presidente: Em nome da Igreja, eu recebo cada um de vocês a participarem da catequese. Como já foram batizados e creem em Cristo, acolhemos todos com muita alegria. Alguns estão iniciando, outros estão dando continuidade ao processo de conhecer e amar Jesus Cristo e a sua família que é a Igreja. Conosco, vocês vão procurar viver como filhos e filhas de Deus, como Cristo nos ensinou. Devemos amar Deus de todo o coração e amar-vos uns aos outros como Ele nos amou.

Pedimos, agora, que um representante da família de cada um de vocês se aproxime para expressar que estão de acordo e irão acompanhar a catequese do seu(sua) filho(a) ou de um membro da sua família. O familiar pode colocar a mão sobre o ombro do catequizando.

Esperar que todos se aproximem.

Presidente: Prezados familiares, seus filhos pedem que os preparemos para seguir Jesus Cristo por meio da catequese. Vocês estão de acordo com esse desejo deles?

Familiares: *Estamos!*

Presidente: Vocês estão dispostos a ajudá-los a fazerem parte desta caminhada que eles percorrerão, especialmente frequentando sempre mais esta comunidade cristã?

Familiares: *Estamos!*

EUCARISTIA 1

Presidente: Para continuarem o caminho já iniciado no Batismo, estas crianças e jovens necessitam do auxílio de nossa fé e de nossa caridade. Eles precisarão do apoio da comunidade, pois são todos nossos irmãos e irmãs mais novos. Peço, portanto, que toda a comunidade se coloque de pé.

Vocês estão dispostos a acolher, com muita alegria, estes catequizandos, servindo de exemplo e os animando para que se fortaleçam no caminho?

Todos: *Estamos!*

Presidente: Queridos catequizandos e queridas catequizandas, acolhemos vocês nesta casa que é também sua. Bem-vindos! Ao iniciar este ano catequético, acompanhamos vocês com nossas orações e manifestamos nossa alegria com uma salva de palmas.

Palmas.

Presidente: Ao final desta celebração, cada um de vocês procure seu catequista para receber um sinal de boas-vindas. Agora venham conosco para ouvir o Senhor, que nos vai falar através de sua Palavra. Rezem conosco! Podem ocupar o seu lugar nesta celebração.

A celebração segue como de costume e, nas preces da comunidade, sugere-se elaborar uma prece em favor dos catequizandos, que iniciam o ano catequético, e uma para seus catequistas.

EUCARISTIA 1

ENTREGA DA PALAVRA DE DEUS[8]

Preparar

Os catequizandos participam com seus familiares desta celebração. Cada catequizando leva sua Bíblia. Na hora da celebração, o catequizando se coloca, com seus familiares, diante de quem preside. Alguém da família alcança a Bíblia para o presidente da celebração, e esse faz a entrega solene para o catequizando. Os familiares se colocam ao lado de quem preside, e o catequizando se coloca de frente. Recebe a Bíblia, beija-a e retorna com seus familiares aos seus lugares.

Atenção: *O centro está na Palavra de Deus contida na Bíblia e não no livro. É necessário que os presbíteros e catequistas compreendam que o gesto ritual recorda a entrega da tradição recebida em torno da Sagrada Escritura, por isso, o livro bíblico já foi adquirido pela criança, mas a entrega da Palavra é realizada pela comunidade. Sem esse esclarecimento, muitos não entenderão por que devem receber, na celebração, um livro que já lhes pertence.* **Outra observação:** *Não se abençoam as Bíblias, pois o livro contém a Palavra de Deus.*

Estrutura da celebração

a) *Segue a celebração como de costume.*

b) *Antes da Liturgia da Palavra, os catequizandos são chamados a ficarem diante da Mesa da Palavra.*

c) *Eles se dirigem com seus familiares a quem preside a celebração. Alguém da família entrega a Bíblia para o presidente da celebração.*

d) *Feito o rito de entrega, os catequizandos e os familiares voltam aos seus lugares e participam da celebração.*

Liturgia da Palavra

Catequista: Aproximem-se da Mesa da Palavra os catequizandos que receberão a Bíblia, Palavra de Deus.

Enquanto se aproximam, pode-se cantar o refrão de um cântico sobre a Palavra.

---

[8] *Livro do catequista:* Casa da Iniciação Cristã: Eucaristia 1 – História da Salvação. São Paulo: Paulinas, 2017. p. 173.

EUCARISTIA 1

Presidente: Recebam o livro da *Sagrada Escritura,* que contém a Palavra de Deus. Escutem com atenção toda Palavra que sai da boca de Deus. Acolham de coração tudo o que ela contém. Deixem, sobretudo, que Jesus entre em sua vida como ocorreu com os apóstolos. Creiam no que vocês receberão na catequese e não se cansem de buscar o Senhor Jesus, que sempre revela seu grande amor por todos nós.

Alguém da família entrega a Bíblia para quem preside a celebração. O catequizando se coloca de pé, diante do presidente, para receber a Palavra. O presidente pega a Bíblia e a entrega ao catequizando, proferindo estas palavras ou semelhantes:

Presidente: Recebe a Palavra de Deus. Crê no que leres, vive o que creres e anuncia Jesus com tua vida.

Catequizando: *Amém!*

Ele(a) recebe e beija o livro, retornando ao seu lugar.

Em seguida, prossegue-se com a celebração.

EUCARISTIA 1

ENTREGA DO ROSÁRIO[9]

Preparar

Água benta.

Terços ou rosários para os catequizandos.

Concluída a oração pós-comunhão

Catequista: Aproximem-se os que irão receber o Terço da Virgem Maria.

Os catequizandos colocam-se de pé, de frente para o altar.

Catequista: Estimados catequizandos, Deus utiliza-se de sinais simples para manifestar seu amor. O terço é um deles. Ele é um convite à oração. Embora se invoque repetidas vezes o nome de Maria, o terço tem Jesus como centro. A cada dezena, meditamos um mistério da vida de Cristo. Com alegria, vamos receber, hoje, o terço da Virgem Maria. Acompanhemos a bênção sobre eles.

Presidente: Concedei, ó Deus todo-poderoso, que, na devota recitação do terço, os vossos fiéis saibam recorrer, confiantes, à bem-aventurada Virgem Maria e possam, meditando os mistérios de Cristo Jesus, aplicar na vida o que recordam na oração. Por Cristo, Nosso Senhor.

Todos: *Amém!*

Aspergir os terços com água benta.

Presidente: Pela recordação dos mistérios da vida, morte e ressurreição de Nosso Senhor e em honra da Virgem Maria, Mãe de Cristo e Mãe da Igreja, os que usarem estes terços para rezar com devoção, sejam abençoados em nome do Pai, e do Filho e do Espírito Santo.

Todos: *Amém!*

---

[9] *Livro do catequista:* Casa da Iniciação Cristã: Eucaristia 1 – História da Salvação. São Paulo: Paulinas, 2017. p. 175.

Em seguida, quem preside entrega um terço para cada catequizando. Se o grupo for grande, os catequistas ajudam.

Catequista: Ave-Maria...

Presidente: Aos familiares, queremos recordar um conselho do Papa São João Paulo II: "Rezar o Rosário pelos filhos e, mais ainda, com os filhos, educando-os desde tenra idade para este momento diário de 'paragem orante' da família, não traz por certo a solução de todos os problemas, mas é uma ajuda espiritual que não se deve subestimar."

Prezados familiares, procurem momentos para rezar com seus filhos. Isso fará um grande bem a toda a família.

Segue a bênção final da celebração.

EUCARISTIA 1

ENTREGA DO PAI-NOSSO[10]

Preparar

Cartão com a oração do Pai-Nosso para cada catequizando.

Antes de rezar o Pai-Nosso

Catequista: Aproximem-se os que irão receber da Igreja a oração que o Senhor Jesus nos ensinou: o Pai-Nosso.

Os catequizandos colocam-se de pé, voltados para o altar.

Presidente: Meus irmãos e minhas irmãs, vocês vão receber e rezar com a comunidade a oração do Pai-Nosso. Que essa oração seja fonte de intimidade com o Pai de Jesus. Desde os tempos antigos, no Batismo e na Confirmação, a entrega da oração do Senhor significa um novo nascimento para a vida divina. Mesmo que vocês já saibam rezá-la, procurem viver cada palavra dessa oração.

Quem preside a celebração entrega o Pai-Nosso aos catequizandos.

Presidente: Obedientes à Palavra do Salvador e guiados pelo seu divino ensinamento, ousamos dizer:

Todos: Pai-Nosso...

No final do Pai-Nosso, os catequizandos permanecem diante do altar até o abraço da paz.

Presidente: Livrai-nos de todos os males, ó Pai...

Todos: Vosso é o Reino, o poder e a glória para sempre.

Após o abraço da paz, todos voltam aos seus lugares e se prossegue com a celebração.

---

[10] *Livro do catequista:* Casa da Iniciação Cristã: Eucaristia 1 – História da Salvação. São Paulo: Paulinas, 2017. p. 177.

EUCARISTIA 1

ENTREGA DO MANDAMENTO DO AMOR[11]

Preparar

Cartão em forma de coração com o mandamento do amor: **Amai-vos uns aos outros como eu vos amei.**

Os grupos de catequese, se quiserem, poderão levar ao altar as Tábuas da Lei confeccionadas no encontro sobre os Dez Mandamentos.

Estrutura da celebração

As crianças, reunidas por grupo e seus catequistas entram na procissão de entrada. Cada grupo poderá carregar as Tábuas da Lei (os Dez Mandamentos) confeccionadas no encontro de catequese. Todos ocupam os lugares que lhes foram reservados. As Tábuas da Lei são depositadas perto da Mesa da Palavra. A celebração segue como de costume. Concluída a oração após a comunhão, realiza-se o rito de entrega do "Mandamento do Amor".

Concluída a oração pós-comunhão

Catequista: Aproximem-se os catequizandos que receberão o "Mandamento do Amor".

Enquanto os catequizandos se aproximam, pode-se cantar: **Eu vos dou um novo mandamento: que vos ameis uns aos outros assim como eu vos amei. Disse o Senhor!**

Os catequizandos colocam-se de pé, voltados para o altar.

Presidente: Meus irmãos e minhas irmãs, vocês aprenderam, na catequese, que Deus fez uma aliança com seu povo, por meio de Moisés. Deus prometeu sempre cuidar do povo, mas os israelitas deveriam observar os mandamentos de Deus. Esses mandamentos são chamados de "Lei de Deus".

Se possível, fazer com que toda a comunidade recorde e proclame em voz alta.

---

[11] *Livro do catequista:* Casa da Iniciação Cristã: Eucaristia 1 – História da Salvação. São Paulo: Paulinas, 2017. p. 179.

EUCARISTIA 1

1. *Amar a Deus sobre todas as coisas.*
2. *Não tomar seu santo nome em vão.*
3. *Guardar domingos e festas.*
4. *Honrar pai e mãe.*
5. *Não matar.*
6. *Não pecar contra a castidade.*
7. *Não roubar.*
8. *Não levantar falso testemunho.*
9. *Não desejar a mulher do próximo.*
10. *Não cobiçar as coisas alheias.*

Quem preside recebe os cartões em forma de coração.

Presidente: Essa Lei é muito importante, mas Jesus resumiu todos esses mandamentos no mandamento do amor. Ela não vai contra a lei do tempo de Moisés, mas avança, pois pede que saibamos perdoar, partilhar e até dar a vida pelas pessoas, como fez Jesus. Essa lei é chamada de "Novo Mandamento". É o mandamento do amor. Ela pode ser sintetizada na frase que está escrita nesse coração de papel que vocês receberão. Eles recordam o coração de Cristo.

Quem preside entrega um cartão para cada catequizando. Pode-se cantar o refrão: **Eu vos dou um novo mandamento: que vos ameis uns aos outros assim como eu vos amei. Disse o Senhor!**

Presidente: Agora todos são convidados a dizer juntos, em voz alta, o mandamento novo que Jesus nos deu: AMAI-VOS UNS AOS OUTROS COMO EU VOS AMEI.

Todos proclamam a frase.

Presidente: O centro desse amor está nas palavras: COMO EU VOS AMEI. Por isso, crianças, vivamos como Jesus nos amou e pratiquemos a lei do amor. Convido toda a comunidade a cantar, para recordar o que Jesus nos pede e depois praticar este ensinamento:

Amar como Jesus amou. Sonhar como Jesus sonhou.
Pensar como Jesus pensou. Viver como Jesus viveu.

EUCARISTIA 1

Sentir o que Jesus sentia. Sorrir como Jesus sorria.
E ao chegar o fim do dia. Eu sei que eu dormiria.
Muito mais feliz.

Procede-se à bênção final.

EUCARISTIA 1

ENCERRAMENTO DA ETAPA E RENOVAÇÃO DAS PROMESSAS DO BATISMO[12]

Preparar

Cruz para a procissão de entrada.

Círio pascal aceso e colocado ao lado da Mesa da Palavra.

Vela para todos os catequizandos.

Uma rede de pesca.

Cada catequizando entra na procissão, levando um peixe de papel com seu nome, para ser colocado na rede, durante os ritos iniciais.

Acolhida

Catequista: Nesta celebração, acolhemos especialmente os catequizandos que estão concluindo esta etapa da catequese. Após um ano refletindo sobre a beleza de iniciar a vida cristã, eles renovarão as promessas do seu Batismo. Com muita alegria, iniciemos a celebração da paixão, morte e ressurreição de Jesus, acompanhando a procissão de entrada, cantando:

Entra a cruz; logo após, os catequistas carregando a rede; em seguida, as crianças com o peixe de papel contendo seu nome, depois os ministros do altar.

Saudação inicial

Presidente: Em nome do Pai, e do Filho e do Espírito Santo!

Todos: *Amém!*

Presidente: Que o Deus da esperança, que nos cumula de toda alegria e paz em nossa fé, pela ação do Espírito Santo, esteja convosco!

Todos: Bendito seja Deus que nos reuniu no amor de Cristo!

---

[12] *Livro do catequista:* Casa da Iniciação Cristã: Eucaristia 1 – História da Salvação. São Paulo: Paulinas, 2017. p. 182.

EUCARISTIA 1

Presidente: Com alegria acolhamos os catequizandos que concluem esta etapa da catequese. Eles ouviram a Palavra do Senhor e acolheram sua voz, por isso os catequistas trazem a rede de pescar, visto que ela representa a Igreja. Somos a comunidade do Senhor. Neste momento, convido os catequizandos para que coloquem seu nome na rede, pois os nomes fazem parte da Igreja que escuta a voz do Senhor para pôr em prática sua Palavra. Unidos formamos uma rede de amigos e irmãos.

Pode-se cantar um cântico conhecido da comunidade, por exemplo: ***Tu te abeiraste da praia:***

Em seguida, a celebração segue com o Ato Penitencial.

Após a homilia

Catequista: Aproximem-se os catequizandos que irão renovar suas promessas batismais.

Catequizandos e catequistas colocam-se de pé, diante do altar e recebem a vela.

Presidente: Irmãos e irmãs, o Batismo nos faz cristãos, e, por meio dele, nascemos para a Igreja, nossa mãe. Somos a família de Deus. Reunidos em comunidade, queremos, hoje, renovar as promessas do Batismo com estes nossos irmãos que estão na catequese. Convidamos os catequistas para acenderem sua vela no círio pascal, sinal do Ressuscitado que vive entre nós. Em seguida, os catequistas acenderão a vela de cada um de seus catequizandos.

Pode-se entoar um canto apropriado enquanto se acendem as velas, por exemplo: Sim, eu quero que a luz de Deus que um dia em mim brilhou...

Presidente: Irmãos e irmãs, pelo mistério pascal, fomos, no Batismo, sepultados com Cristo para vivermos com ele uma vida nova. Por isso, renovemos as promessas do nosso Batismo, por meio das quais já renunciamos ao mal e prometemos servir a Deus em sua Igreja.

Presidente: Para viver na liberdade dos filhos e filhas de Deus, renunciais ao pecado?

Todos: *Renuncio!*

Presidente: Para viver como irmãos e irmãs, renunciais a tudo o que vos possa desunir, para que o pecado não domine sobre vós?

Todos: *Renuncio*!

Presidente: Para seguir Jesus Cristo, renunciais ao demônio, autor e princípio do pecado?

Todos: *Renuncio*!

Presidente: Credes em Deus, Pai todo-poderoso, criador do céu e da terra?

Todos: Creio!

Presidente: Credes em Jesus Cristo, seu único Filho, Nosso Senhor, que nasceu da Virgem Maria, padeceu e foi sepultado, ressuscitou dos mortos e subiu ao céu?

Todos: *Creio!*

Presidente: Credes no Espírito Santo, na santa Igreja Católica, na comunhão dos santos, na remissão dos pecados, na ressurreição dos mortos e na vida eterna?

Todos: *Creio!*

Presidente: O Deus todo-poderoso, Pai de Nosso Senhor Jesus Cristo, que nos fez renascer pela água e pelo Espírito Santo e nos concedeu o perdão de todo pecado, guarde-nos em sua graça para a vida eterna, no Cristo Jesus, Nosso Senhor.

Todos: *Amém!*

Apagam-se as velas, e todos retornam aos bancos.

Preces da comunidade

Presidente: Apresentemos a Deus Pai os nossos pedidos, dizendo: *Ficai conosco, Senhor!*

a) Pela Igreja presente no mundo inteiro, para que todos os seguidores de Jesus testemunhem o amor do Pai, com gestos de acolhida e solidariedade, rezemos.

b) Para que os governos trabalhem pela paz, pelo direito à vida para todos e pela liberdade das pessoas, rezemos.

c) Por todos que concluem esta etapa da catequese, para que acolham Jesus Cristo em sua vida e saibam amar as pessoas como Jesus amou, rezemos.

d) Pelas famílias aqui presentes, para que todas cresçam em um ambiente de paz, amor e muito carinho, onde Deus é lembrado e amado sobre todas as coisas, rezemos.

Presidente: Acolhei as preces deste dia, Pai Santo, que fazemos por meio de Jesus Cristo, o Filho do vosso amor que convosco vive e reina na unidade do Espírito Santo.

Todos: *Amém!*

Segue a celebração com a apresentação das oferendas.

Bênção final

Presidente: Convido todas os catequizandos e seus catequistas para que se aproximem do altar.

Esperar que todos se aproximem.

Presidente: Vamos abençoar estes catequizandos e seus catequistas pelo trabalho realizado neste ano. Antes, porém, convido a comunidade a manifestar sua alegria e a estimular esse grupo com um aplauso.

Aplausos.

Presidente: O Senhor esteja convosco.

Todos: *Ele está no meio de nós!*

Presidente: Senhor, Pai de bondade, derramai vossa bênção paterna sobre estes vossos filhos e filhas, que participaram da catequese em nossa comunidade. Concedei-lhes luz, coragem e alegria para viver a mensagem do Evangelho de Jesus, realizando, na Igreja e no mundo, a salvação. Por Cristo, Nosso Senhor.

Presidente: E vós todos aqui reunidos, abençoe-vos o Deus todo-poderoso, Pai, e Filho e Espírito Santo.

Todos: *Amém!*

ENCERRAMENTO DA ETAPA, BATISMO DAS CRIANÇAS QUE ESTÃO NA CATEQUESE E RENOVAÇÃO DAS PROMESSAS DO BATISMO[13]

Preparar

Cruz para a procissão de entrada.

Círio pascal aceso e colocado ao lado da Mesa da Palavra.

Vela para todos os catequizandos.

Uma rede de pesca.

Óleos: catecúmenos e Crisma.

Água.

Pia batismal.

Cada catequizando entra na procissão, carregando um peixe de papel com seu nome, para ser colocado na rede durante os ritos iniciais.

Os catequizandos que receberão o Batismo entram na procissão acompanhados de seus pais e padrinhos. O Batismo ocorrerá após a renovação das promessas batismais.

Acolhida

Catequista: Acolhemos os catequizandos que estão concluindo esta etapa da catequese. Após um ano refletindo sobre a beleza de iniciar a vida cristã, eles renovarão as promessas do seu Batismo. Recebemos também os catequizandos que serão batizados, eles estão acompanhados de seus pais e padrinhos. Com muita alegria, iniciemos a celebração, acompanhando a procissão de entrada, cantando:

---

[13] Este roteiro de celebração não consta no livro *Casa da Iniciação Cristã:* Eucaristia 1 – História da Salvação. São Paulo: Paulinas, 2017. Também pode ser útil quando houver crianças no processo catequético sem o Batismo.

EUCARISTIA 1

Entra a cruz; logo após, as catequistas, carregando a rede; em seguida, as crianças que serão batizadas acompanhadas de seus pais e padrinhos; na sequência, as demais crianças da catequese com os peixes de papel com seu nome; depois os ministros do altar.

Saudação inicial

Presidente: Em nome do Pai, e do Filho e do Espírito Santo!

Todos: *Amém!*

Presidente: Que o Deus da esperança, que nos cumula de toda alegria e paz em nossa fé, pela ação do Espírito Santo, esteja convosco!

Todos: Bendito seja Deus que nos reuniu no amor de Cristo!

Presidente: Com alegria, acolhemos os catequizandos que concluem esta etapa da catequese. Eles ouviram a Palavra do Senhor e acolheram sua voz, por isso, os catequistas trazem a rede de pescar: ela representa a Igreja. Somos a comunidade do Senhor. Nesse momento, convido os catequizandos para que coloquem seu nome na rede, pois fazem parte da Igreja que escuta a voz do Senhor para pôr em prática sua Palavra. Unidos formamos uma rede de amigos e irmãos.

Pode-se cantar um cântico conhecido da comunidade, por exemplo: **Tu te abeiraste da praia;** *em seguida, a celebração segue com o ato penitencial.*

Antes da Liturgia da Palavra

Catequista: Convidamos aqueles que serão batizados para que se aproximem para a unção no peito.

Os catequizandos se aproximam do presidente da celebração, acompanhado de seus pais.

Unção pré-batismal

Um catequista pode segurar o recipiente com o óleo, elevando-o um pouco, ao lado ou diante de quem preside.

EUCARISTIA 1

Presidente: Bendito sejais vós, Senhor Deus, porque, no vosso imenso amor, criastes o mundo para nossa habitação. Criastes a oliveira, cujos ramos anunciaram o final do dilúvio e o surgimento de uma nova humanidade. Vós sois a proteção de vosso povo, porque fizestes do óleo, vossa criatura, um sinal de fortaleza.

Presidente *(durante a unção)***:** Que o Cristo salvador vos dê sua força; que ela penetre em sua vida como este óleo em seu peito.

Todos: *Amém!*

Os catequizandos retornam aos seus lugares para participar da Liturgia da Palavra.

Após a homilia

Catequista: Aproximem-se os catequizandos que irão renovar sua promessa batismal. Igualmente, convidamos os pais e padrinhos dos que serão batizados para que renovem seu Batismo.

Catequizandos e catequistas colocam-se de pé, diante do altar e recebem a vela. Os pais e padrinhos se colocam perto dos que serão batizadas. Nesse caso, a vela ficará com os pais e não com o catequizando.

Presidente: Irmãos e irmãs, o Batismo nos fez cristãos, por ele nascemos para a Igreja, nossa mãe. Somos a família de Deus. Reunidos em comunidade, queremos, hoje, renovar as promessas do Batismo com estes nossos irmãos que estão na catequese. Convidamos os catequistas para acenderem sua vela no círio pascal, sinal do Ressuscitado que vive entre nós. Em seguida, os catequistas acenderão a vela de seus catequizandos.

Pode-se entoar um canto apropriado, enquanto se acendem as velas. Por exemplo: **Sim eu quero que a luz de Deus que um dia em mim brilhou...**

Presidente: Irmãos e irmãs, pelo mistério pascal fomos, no Batismo, sepultados com Cristo para vivermos com Ele uma vida nova. Por isso, renovemos as promessas do nosso Batismo, pelas quais já renunciamos ao mal e prometemos servir a Deus em sua Igreja.

Presidente: Para viver na liberdade dos filhos e filhas de Deus, renunciais ao pecado?

Todos: *Renuncio!*

Presidente: Para viver como irmãos e irmãs, renunciais a tudo o que vos possa desunir, para que o pecado não domine sobre vós?

Todos: *Renuncio*!

Presidente: Para seguir Jesus Cristo, renunciais ao demônio, autor e princípio do pecado?

Todos: *Renuncio*!

Presidente: Credes em Deus Pai todo-poderoso, criador do céu e da terra?

Todos: *Creio!*

Presidente: Credes em Jesus Cristo, seu único Filho, Nosso Senhor, que nasceu da Virgem Maria, padeceu e foi sepultado, ressuscitou dos mortos e subiu ao céu?

Todos: *Creio!*

Presidente: Credes no Espírito Santo, na santa Igreja Católica, na comunhão dos Santos, na remissão dos pecados, na ressurreição dos mortos e na vida eterna?

Todos: *Creio!*

Presidente: Ó Deus todo-poderoso, Pai de Nosso Senhor Jesus Cristo, que nos fez renascer pela água e pelo Espírito Santo e nos concedeu o perdão de todo pecado, guarde-nos em sua graça para a vida eterna, no Cristo Jesus, Nosso Senhor.

Todos: *Amém!*

Apagam-se as velas, todos retornam aos bancos.

Catequista: Participemos, agora, do Batismo de *(nome dos que serão batizados)*.

Bênção da água

Presidente: Meus irmãos e minhas irmãs, sabemos que Deus quis servir-se da água para dar sua vida aos que creem. Unamos nossos corações, suplicando ao Senhor que derrame sua graça sobre seus escolhidos.

Breve silêncio.

EUCARISTIA 1

Ó Deus, pelos sinais visíveis dos sacramentos realizais maravilhas invisíveis. Ao longo da história da salvação, vós vos servistes da água para nos fazer conhecer a graça do Batismo. Já na origem do mundo, vosso Espírito pairava sobre as águas, para que elas concebessem a força de santificar.

Todos: *Fontes do Senhor, bendizei o Senhor!*

Nas águas do dilúvio, prefigurastes o nascimento da nova humanidade, de modo que a mesma água sepultasse os vícios e fizesse nascer a santidade. Concedestes aos filhos de Abraão atravessar o mar Vermelho a pé enxuto, para que, livres da escravidão, prefigurassem o povo nascido na água do Batismo.

Todos: *Fontes do Senhor, bendizei o Senhor!*

Presidente: Vosso Filho, ao ser batizado nas águas do Jordão, foi ungido pelo Espírito Santo. Pendente da cruz, do seu coração aberto pela lança, fez correr sangue e água. Após sua ressurreição, ordenou aos apóstolos: "Ide, fazei todos os povos discípulos meus batizando-os em nome do Pai, do Filho e do Espírito Santo."

Todos: *Fontes do Senhor, bendizei o Senhor!*

Presidente: Olhai, agora, ó Pai, a vossa Igreja e fazei brotar para ela a água do Batismo. Que o Espírito Santo dê, por esta água, a graça de Cristo, a fim de que homem e mulher, criados à vossa imagem, sejam lavados da antiga culpa pelo Batismo e renasçam pela água e pelo Espírito Santo para uma vida nova.

Quem preside toca na água, dizendo:

Presidente: Nós vos pedimos, ó Pai, que por vosso Filho desça sobre esta água a força do Espírito Santo. E todos os que, pelo Batismo, forem sepultados na morte com Cristo, ressuscitem com Ele para a vida. Por Cristo, Nosso Senhor.

Todos: *Amém!*

Batismo

Presidente: Caros pais, vocês querem que **N.** seja batizado(a) na fé da Igreja que acabamos de professar?

Pais e padrinhos: *Queremos!*

Quem preside batiza a criança, dizendo:

Presidente: N., EU TE BATIZO EM NOME DO PAI, E DO FILHO E DO ESPÍRITO SANTO.

Todos: *Amém!*

A comunidade pode manifestar sua alegria por esse novo irmão com um aplauso.

Unção pós-batismal

Presidente: Queridas crianças, pelo Batismo Deus Pai as libertou do pecado, e vocês renasceram pela água e pelo Espírito Santo. Agora fazem parte do Povo de Deus. Que Ele as consagre com o óleo santo para que, inseridas em Cristo, sacerdote, profeta e rei, continuem sendo o seu povo até a vida eterna.

Todos: *Amém!*

Batizados, pais e padrinhos retornam aos seus lugares na assembleia.

Apresentação das oferendas

A celebração segue como de costume.

Bênção final

Presidente: Convido todas os catequizandos, aqueles que foram batizados e também seus catequistas para que se aproximem do altar.

Presidente: Vamos abençoá-los pelo caminho realizado neste ano. O Senhor esteja convosco.

Todos: *Ele está no meio de nós!*

Presidente: Senhor, Pai de bondade, derramai vossa bênção paterna, sobre estes vossos filhos e filhas, que participaram da catequese em nossa comunidade. Concedei luz, coragem e alegria para viverem a mensagem do Evangelho de Jesus, realizando, na Igreja e no mundo, a salvação. Por Cristo, Nosso Senhor.

Presidente: A vós todos aqui reunidos, abençoe-vos o Deus todo-poderoso, Pai, e Filho e Espírito Santo.

Todos: *Amém!*

EUCARISTIA 2

ENTREGA DO CREIO[14]

Preparar

Cartão com a oração do Creio para cada um dos catequizandos.

Convidar uma ou duas pessoas referenciais da comunidade (cf. o número de catequizandos), (talvez os mais idosos participantes da comunidade) para auxiliarem na entrega do Creio.

Durante a homilia

Quem preside explica:

a) *O Creio é chamado de Símbolo dos Apóstolos porque se considera o resumo fiel da fé dos apóstolos que nos foi transmitido.*[15]

b) *"É um sinal de identificação e de comunhão entre os que têm fé. Symbolo também significa resumo, coletânea ou sumário. O símbolo da fé é o sumário das principais verdades da fé."*[16]

c) *Este rito, vivenciado desde os primeiros séculos do Cristianismo, é muito importante no processo de Iniciação à Vida Cristã, pois recorda as maravilhas realizadas por Deus para a salvação da humanidade.*[17]

Após a homilia

Catequista: Aproximem-se os catequizandos que irão receber da Igreja o Creio, símbolo de nossa fé.

Os catequizandos colocam-se em pé, voltados para o altar, junto com seus catequistas.

---

[14] *Livro do catequista:* Casa da Iniciação Cristã: Eucaristia 2 – Jesus Cristo. São Paulo: Paulinas, 2018. p. 209.
[15] Catecismo da Igreja Católica, n. 194.
[16] Catecismo da Igreja Católica, n. 188.
[17] RICA, n. 25.

Presidente: Queridos catequizandos, vocês ouvirão, agora, as palavras do Creio, resumo de toda a nossa fé, pela qual seremos salvos. São poucas palavras, mas contêm grande mistério de salvação. Hoje, vocês apenas ouvirão estas palavras. Quem ouve, crê e proclama. Quem proclama, é porque ouve e crê. Recebam e guardem essas palavras com pureza de coração.

Em seguida, quem preside convida os catequizandos para se voltarem em direção à assembleia e exorta a comunidade:

Presidente: A fé entra pelos ouvidos, nos diz São Paulo. Nós, adultos, que já recebemos os sacramentos da Iniciação à Vida Cristã, temos a missão de testemunhar nossa fé por palavras e obras. Diante destes catequizandos, professemos, com alegria e entusiasmo, o Creio.

Creio...

Os catequizandos se voltam ao altar.

Presidente: Vocês ouviram estas belas palavras de fé da comunidade! Recebam e guardem essas palavras com pureza de coração.

Duas ou mais pessoas da comunidade entregam o cartão com a oração do Creio aos catequizandos, dizendo uma palavra de fé e estímulo aos mesmos.

Terminada a entrega, os catequizandos se ajoelham, voltados para o altar, e quem preside a celebração reza:

Presidente: Senhor, fonte da luz e da vida, imploramos o vosso amor de Pai em favor destes vossos servos. Purificai-os e santificai-os. Dai-lhes conhecer a verdade, a firme esperança e a santa doutrina, para que se tornem dignos da graça do Batismo que já receberam. Por Cristo, Nosso Senhor.

Todos: *Amém!*

Ao final, os catequizandos levantam-se e voltam aos seus lugares. A celebração prossegue com as preces da comunidade.

SACRAMENTO DA PENITÊNCIA – PRIMEIRA CONFISSÃO[18]

Preparar

Orientar os presbíteros sobre o sentido de toda celebração, evitando reduzir a beleza desta celebração apenas ao ato de ouvir confissões. É importante que os presbíteros preparem-se para celebrar este sacramento por meio da oração, invocando o Espírito Santo para receber dele a luz e a caridade.

Texto bíblico: (Lucas 15,11-24).

Distribuir a proclamação do Evangelho entre os leitores: narrador, pai, filho 1, empregado e filho 2.

Crucifixo em lugar de destaque.

Símbolos: mochila, prato vazio, tênis, boné, um espelho.

Festa de confraternização com familiares após a celebração penitencial.

Catequista: Aqui nos reunimos para a celebração do perdão de Deus. Ele pede que sejamos bons uns para com os outros. Nem sempre conseguimos fazer o bem que desejamos; às vezes, praticamos o mal que não queremos. Por isso, vamos celebrar o sacramento da Penitência, o sacramento da Reconciliação. Reconciliar é refazer a aliança que se rompeu. Renovemos nossa condição de amigos de Deus com este sacramento.

Canto de entrada:

À escolha da comunidade.

Saudação

Presidente: A graça, a misericórdia e a paz de Deus Pai e de Jesus Cristo, Nosso Salvador, estejam convosco.

Todos: *Bendito seja Deus que nos reuniu no amor de Cristo.*

Presidente: Oremos em silêncio ao nosso Deus, que é rico em bondade e não se cansa de nos perdoar.

Silêncio.

---

[18] *Livro do catequista:* Casa da Iniciação Cristã: Eucaristia 2 – Jesus Cristo. São Paulo: Paulinas, 2018. p. 211.

Presidente: Ó Pai de amor, voltai vosso olhar para nós, que nos reconhecemos pecadores. Acolhei-nos no caminho de volta e ensinai-nos a viver segundo o ensinamento de Jesus Cristo, vosso Filho e nosso irmão, que vive e reina na unidade do Espírito Santo.

Todos: *Amém!*

Aclamação à Palavra:

À escolha da comunidade.

Evangelho: Lucas 15,11-32

Narrador: Naquele tempo, disse Jesus: Um homem tinha dois filhos, o filho mais novo disse ao pai:

Filho 1: – *"Pai, dá-me a parte da herança que me cabe."*

Narrador: O pai dividiu os bens entre os filhos. Poucos dias depois, o filho mais novo juntou o que era seu e partiu para um lugar distante. Ali esbanjou tudo em uma vida desenfreada. Quando tinha esbanjado tudo o que possuía, chegou uma grande fome àquela região, e ele começou a passar necessidade. Então, foi pedir trabalho a um homem do lugar, que o mandou para seu sítio cuidar dos porcos. O jovem queria matar a fome com a comida que os porcos comiam, mas nem isto lhe davam. Então, caiu em si e disse:

Filho 1: – *"Quantos empregados do meu pai têm pão com fartura, e eu aqui, morrendo de fome. Vou voltar para meu pai e dizer-lhe: Pai, pequei contra Deus e contra ti; já não mereço ser chamado teu filho. Trata-me como a um dos teus empregados."*

Narrador: Então, ele partiu e voltou para seu pai. Quando ainda estava longe, seu pai o avistou e foi tomado de compaixão. Correu ao seu encontro, abraçou-o e o cobriu de beijos. O filho, então, lhe disse:

Filho 1: – *"Pai, pequei contra Deus e contra ti. Já não mereço ser chamado teu filho."*

Narrador: Mas o pai disse aos empregados:

Pai: – *"Trazei depressa a melhor túnica para vestir meu filho. Colocai-lhe um anel no dedo e sandálias nos pés. Trazei um novilho gordo e o matai, para comermos e festejarmos, pois este meu filho estava morto e tornou a viver; estava perdido e foi encontrado."*

Narrador: E começaram a festa. O filho mais velho estava no campo. Ao voltar, já perto de casa, ouviu música e barulho de dança. Então, chamou um dos criados e perguntou o que estava acontecendo. Ele respondeu:

Empregado: – "É teu irmão que voltou. Teu pai matou o novilho gordo, porque recuperou seu filho são e salvo."

Narrador: Mas o filho mais velho ficou com raiva e não queria entrar. O pai, saindo, insistiu com ele, porém ele respondeu ao pai:

Filho 2: – "Eu trabalho para ti há tantos anos, jamais desobedeci a qualquer ordem tua, e nunca me deste um cabrito para eu festejar com meus amigos. Mas quando chegou esse teu filho, que esbanjou teus bens com as prostitutas, matas para ele o novilho gordo."

Narrador: Então o pai lhe disse:

Pai: – "Filho, tu estás sempre comigo, e tudo o que é meu é teu. Mas era preciso festejar e alegrar-nos, porque este teu irmão estava morto e tornou a viver, estava perdido e foi encontrado."

Homilia e exame de consciência

Leitor: Às vezes, somos o filho mais novo que quer sair de casa. *(Mostrar a mochila).* Meditemos sobre o pedido do filho mais novo dessa parábola, que partiu para longe da casa do pai. Olhemos esta mochila, ela representa as vezes que saímos de casa, mas ela também pode simbolizar as vezes que nosso coração e nossa mente ficam longe do pai, da mãe, de Deus e da comunidade.

Presidente:
- Quantas vezes queremos tudo só para nós?
- Já deixamos de participar, sem motivo, da Missa e da catequese?
- A preguiça nos faz procurar Deus somente nas horas difíceis?
- Preferimos ouvir a opinião das pessoas que não vivem o Evangelho?
- Damos mais valor às coisas, ao egoísmo e ao isolamento?
- Será que, por vezes, nos esquecemos de viver com a família, nos fechamos em nosso mundo e não olhamos para as pessoas ao nosso redor?

EUCARISTIA 2

- Como o filho mais novo, é preciso perceber quando caminhamos longe de Deus e das pessoas e pedir perdão.

Breve silêncio.

Entoar um refrão de canto penitencial.

Leitor: Outras vezes, somos o filho mais novo que ficou sozinho e com fome. *(Mostrar o prato vazio).* Pensemos no filho mais novo sozinho e abandonado depois de ter gastado tudo o que pai tinha lhe dado. No caminho da vida, há amigos comprados, companhias falsas. Nós, muitas vezes, traímos amigos, familiares e até Deus.

Presidente:
- Quantas pessoas já o deixaram sozinho?
- Quantas pessoas você já abandonou?
- Que tipo de amigo você é? Como você ajuda seus amigos?
- Como você ajuda quem passa fome ou tem alguma necessidade?
- Você é bom para com todos ou apenas para seu grupo de amigos?

Breve silêncio.

Entoar um refrão de canto penitencial.

Leitor: Recordemos, agora, as atitudes do pai desta parábola. Ele expressa as atitudes de Deus para conosco. É preciso saber que Deus sempre está de braços abertos, esperando que voltemos para sua casa e nossa casa. Ele coloca as sandálias nos nossos pés, isto é, nos dá proteção e fortalece nossos passos. *(Mostrar o tênis e o boné).* O mal praticado morre num abraço. Quem volta ao Pai tem festa, roupa nova, anel; tem nova herança.

Presidente:
- Como vai nossa relação com Deus?
- Participamos da Missa todos os domingos?
- Rezamos todos os dias para agradecer o dom da vida?
- Procuramos ler a Palavra de Deus e colocá-la em prática?
- Participamos da comunidade paroquial, da Igreja, que é a família de Deus? Ou estamos longe dessa casa?

Breve silêncio.

Entoar um refrão de canto penitencial.

Leitor: Olhemos, agora, para o filho mais velho desta parábola. Ele não gostou nada da festa que o pai preparou para a volta do filho mais novo. Ele sente inveja, mágoa, e só pensa em si. *(Mostrar o espelho).* Por pensar somente em si, não vê os outros, muito menos é capaz de perdoar.

Presidente:

- Nós temos inveja e dificultamos o perdão?
- Amamos os outros como Deus ama?
- Sabemos dar uma nova chance a quem erra?
- Queremos que tudo sempre aconteça como nós desejamos ou sabemos acolher a vontade de Deus, cujo coração sempre perdoa?

Presidente: Cada um, ajoelhando-se, coloque-se nas mãos de Deus. Reflita sobre os pecados que lhe pesam na consciência, arrependa-se. *Confesse seus pecados, para voltar à casa do Pai.*

Pausa.

Diante do Pai, cada um se apresenta com seus pecados, omissões e faltas.

Rito da reconciliação

Presidente: Irmãos e irmãs, reconheçamos que pecamos. Vamos voltar para a casa do Pai. Contemplando a cruz do Senhor, rezemos.

Ato de contrição

Todos: *Senhor, eu me arrependo sinceramente de todo mal que pratiquei e do bem que deixei de fazer. Pecando, eu vos ofendi, meu Deus e Senhor, digno de ser amado sobre todas as coisas. Prometo, com vossa ajuda e vossa graça, fugir às ocasiões de pecar. Amém!*

Presidente: Em pé, roguemos agora a Deus, nosso Pai, com as mesmas palavras que Cristo nos ensinou, a fim de que Ele perdoe nossos pecados e nos livre de todo mal. Pai-Nosso...

Presidente: Senhor Deus, mostrai-vos bondoso para com vossos filhos e filhas, pois se reconhecem pecadores diante da Igreja; libertai-os de todo pecado, para que possam, de coração puro, render-vos graças. Por Cristo, Nosso Senhor.

Todos: *Amém!*

Confissão e absolvição individuais

Catequista: Somos convidados a nos aproximar do sacerdote, confessar os pecados, acolher a palavra do confessor e receber a penitência para sermos absolvidos.

O catequista acompanha seus catequizandos até o sacerdote. Espera-se que todos se confessem e realizem a penitência. Enquanto isso, se não atrapalhar a confissão, coloca-se uma música suave de fundo ou cantam-se refrãos penitenciais de forma suave, para manter o clima de oração.

Ação de graças

Terminadas as confissões individuais, o sacerdote convida para o momento de ação de graças. Convida para cantar um salmo ou um hino que proclame e agradeça a misericórdia de Deus. Por exemplo: **Magnificat,** *Sl 135(136), Sl 31(32). Prever um canto bem alegre.*

Oração

Presidente: Deus, Pai cheio de misericórdia, nós vos agradecemos pelo vosso perdão. Com nossas famílias e com toda a Igreja vos louvamos com a voz, o coração e a vida. A vós a glória, agora e para sempre. Por Cristo, Nosso Senhor!

Todos: *Amém!*

Abraço da paz

Presidente: Recebemos a paz de Deus por meio do perdão. Partilhemos esta paz com nossos irmãos e irmãs, através de um abraço.

Bênção Final

Presidente: O Senhor vos conduza segundo o amor de Deus e a paciência de Cristo.

Todos: *Amém!*

Presidente: Para que possais caminhar na vida nova e agradar a Deus em todas as coisas.

Todos: *Amém!*

Presidente: Desça sobre todos a bênção do Deus Pai, e Filho e Espírito Santo.

Todos: *Amém!*

Despedida

Presidente: Como há festa no céu por um pecador que se converte, haja alegria nos vossos corações e nas vossas casas. Ide em paz, e que o Senhor vos acompanhe.

Todos: Demos graças a Deus!

Festa na comunidade

Após a celebração, o catequista abraça o catequizando e o convida para a festa. Na festa, alguém motiva a comemoração recordando, conforme a parábola bíblica, a festa do pai quando reencontrou seu filho. Todos se confraternizam com os familiares.

PRIMEIRA COMUNHÃO EUCARÍSTICA[19]

Preparar

Cruz e velas para a procissão de entrada.

Cibório (píxide) com as partículas, galhetas com água e vinho para a procissão das ofertas.

Cesto para as crianças depositarem os envelopes com doações para os necessitados da comunidade.

Orientações

a) Se a Missa for celebrada em domingos do Tempo de Advento, Natal, Quaresma ou Tempo Pascal, devem ser seguidas as orações e as leituras próprias do domingo. O mesmo vale para as solenidades litúrgicas.

b) Em domingos do Tempo Comum ou nos dias de semana, podem ser escolhidos textos próprios para a Missa.

Acolhida

Catequizandos e catequistas colocam-se na porta da igreja e entram em procissão com quem preside a Eucaristia e os acólitos, precedidos pela cruz e as velas.

Catequista: Somos a Igreja de Deus que Cristo convocou. Com alegria, acolhamos pais, familiares, catequistas e amigos daqueles que comungarão pela primeira vez a Eucaristia. No caminho da Iniciação à Vida Cristã, a Eucaristia é o pão que o Pai do céu nos dá para sermos cada vez mais semelhantes ao seu Filho Jesus. Acompanhemos a procissão de entrada, cantando:

Canto de entrada.

Saudação inicial

Ato penitencial

---

[19] *Livro do catequista:* Casa da Iniciação Cristã: Eucaristia 2 – Jesus Cristo. São Paulo: Paulinas, 2018. p. 224.

EUCARISTIA 2

Presidente: Em Jesus Cristo, o justo, que intercede por nós e nos reconcilia com o Pai, abramos nosso espírito ao arrependimento, para sermos menos indignos de nos aproximar da Mesa do Senhor.

Silêncio.

Presidente: Senhor, que viestes salvar os corações arrependidos, tende piedade de nós!

Todos: Senhor, tende piedade de nós!

Presidente: Cristo, que viestes chamar os pecadores, tende piedade de nós!

Todos: Cristo, tende piedade de nós!

Presidente: Senhor, que intercedeis por nós ao Pai, tende piedade de nós!

Todos: Senhor, tende piedade de nós!

Presidente: Deus todo-poderoso tenha compaixão de nós, perdoe os nossos pecados e nos conduza à vida eterna!

Todos: *Amém!*

Glória

Oração do dia

Presidente: Oremos. Senhor Jesus Cristo, no sacramento da Eucaristia, nos deixastes o memorial da vossa Páscoa. Dai-nos venerar com tão grande amor o mistério do vosso corpo e do vosso sangue, que possamos colher em nossa vida os frutos da vossa redenção. Vós que sois Deus, com o Pai, na unidade do Espírito Santo.

Todos: *Amém!*

Primeira leitura: Dt 8,2-3.14b-16a

Leitor: Leitura do *Livro do Deuteronômio*. Moisés falou ao povo, dizendo: "Lembra-te de todo o caminho por onde o Senhor teu Deus te conduziu, nestes quarenta anos, no deserto, para te humilhar e te pôr à prova, para saber o que tinhas no teu coração e para ver se observarias ou não seus mandamentos. Ele te humilhou, fazendo-te passar fome e alimentando-te com o maná que nem tu nem teus pais conheciam, para te mostrar que nem só de pão vive o homem, mas de toda palavra que sai da boca do Senhor. Não te esqueças do Senhor teu Deus que te fez sair do Egito, da casa da escravidão, e que foi teu guia no vasto e terrível deserto, onde havia serpentes abrasadoras, escorpiões, e uma terra árida e sem água nenhuma. Foi ele que fez jorrar água para ti da pedra duríssima e te alimentou no deserto com maná, que teus pais não conheciam." Palavra do Senhor.

Todos: Graças a Deus!

Salmo: Sl 147,12-13.14-15.19-20

Salmista: Elevo o cálice da minha salvação, invocando o nome santo do Senhor.

Todos: Elevo o cálice da minha salvação, invocando o nome santo do Senhor.

Salmista: Que poderei retribuir ao Senhor Deus por tudo aquilo que ele fez em meu favor? Elevo o cálice da minha salvação, invocando o nome santo do Senhor.

Todos: Elevo o cálice da minha salvação, invocando o nome santo do Senhor.

Salmista: Por isso oferto um sacrifício de louvor, invocando o nome santo do Senhor. Vou cumprir minhas promessas ao Senhor na presença de seu povo reunido.

Todos: Elevo o cálice da minha salvação, invocando o nome santo do Senhor.

Segunda leitura: 1Cor 10,16-17

Leitor: Leitura da primeira carta de São Paulo aos Coríntios. Irmãos, o cálice da bênção, o cálice que abençoamos, não é comunhão com o sangue de Cristo? E o pão que partimos, não é comunhão com o corpo de Cristo? Porque há um só pão, nós todos somos um só corpo, pois todos participamos desse único pão. Palavra do Senhor.

Todos: Graças a Deus!

Aclamação ao Evangelho

Aleluia, aleluia, aleluia.

"Eu sou o pão vivo descido do céu", diz o Senhor.

"Quem comer deste pão viverá eternamente."

Aleluia, aleluia, aleluia!

Evangelho: Jo 6,51-58

Diácono: O Senhor esteja convosco!

Todos: Ele está no meio de nós!

Diácono: Proclamação do Evangelho de Jesus Cristo segundo São João.

Todos: Glória a vós, Senhor!

Diácono: "Naquele tempo, disse Jesus às multidões dos judeus: 'Eu sou o pão vivo descido do céu. Quem comer deste pão, viverá eternamente. O pão que eu darei é a minha carne dada para a vida do mundo'. Os judeus discutiam entre si, dizendo: 'Como é que ele pode dar a sua carne a comer?' Então Jesus disse: 'Em verdade, em verdade vos digo, se não comerdes a carne do Filho do Homem e não beberdes o seu sangue, não tereis a vida em vós. Quem come a minha carne e bebe o meu sangue tem a vida eterna, e eu o ressuscitarei no último dia. Porque a minha carne é verdadeira comida e o meu sangue, verdadeira bebida. Quem come a minha carne e bebe o meu sangue, permanece em mim e eu nele. Como o Pai, que vive, me enviou, e eu vivo por causa do Pai, assim o que me come viverá por causa de mim. Este é o pão que desceu do céu. Não é como aquele que os vossos pais comeram. Eles morreram. Aquele que come este pão viverá para sempre'." Palavra da Salvação!

Todos: Glória a vós, Senhor!

Homilia/Creio

Preces

Presidente: Rezemos, suplicando ao Pai que nos dê sempre o Cristo, pão vivo que desceu do céu, e digamos: "Senhor, dai-nos sempre deste pão!"

Todos: Senhor, dai-nos sempre deste pão!

1. Pela Igreja presente no mundo inteiro, unida ao Papa, aos bispos e ao clero, para que, ao ser alimentada pelo Cristo na Eucaristia, seja sempre mais fiel ao Evangelho do Senhor, *rezemos...*
2. Pelo nosso mundo, sedento por dias melhores, para que os governos trabalhem pelo direito à vida para todos, cuidando dos que mais sofrem, *rezemos...*
3. Pelos nossos catequizandos, para que acolham Jesus Cristo em sua vida e, alimentados pelo pão do céu, saibam amar as pessoas como Jesus amou, *rezemos...*
4. Pelos catequistas, para que se sintam fortalecidos pelo Senhor Jesus, na certeza de que a semente foi lançada, e de que os frutos virão com o tempo, *rezemos...*
5. Por nossa comunidade, para que se torne sempre mais acolhedora, madura, solidária e orante, *rezemos...*

Presidente: Deus, nosso Pai, que dais o alimento a todo ser vivo e cuidais de todos com carinho, jamais deixeis faltar à vossa Igreja o pão da vida, que a torna um só corpo em Cristo, Nosso Senhor.

Todos: *Amém!*

Apresentação das ofertas

Catequista: Todo aquele que comunga o Cristo na Eucaristia, procura servi-lo no seu próximo. Por isso, os catequizandos colocam diante do altar um envelope com uma oferta para ajudar quem passa necessidades.

Canto de oferendas

EUCARISTIA 2

Oração sobre as oferendas

Presidente: Concedei, ó Pai, à vossa Igreja os dons da unidade e da paz, simbolizados pelo pão e pelo vinho que oferecemos na sagrada Eucaristia. Por Cristo, Nosso Senhor.

Todos: *Amém!*

A celebração segue como de costume.

Oração após a comunhão

Presidente: Dai-nos, Senhor Jesus, possuir a alegria eterna da vossa divindade, que já começamos a saborear na terra, pela comunhão do vosso corpo e do vosso sangue. Vós que viveis e reinais para sempre.

Todos: *Amém!*

Agradecimentos e avisos

Bênção

Presidente: O Senhor esteja convosco!

Todos: Ele está no meio de nós!

Presidente: Deus vos abençoe e vos guarde!

Todos: *Amém!*

Presidente: Ele vos mostre sua face e se compadeça de vós.

Todos: *Amém!*

Presidente: Volva para vós o seu olhar e vos dê a sua paz.

Todos: *Amém!*

Presidente: Abençoe-vos o Deus todo-poderoso, Pai, e Filho e Espírito Santo.

Todos: *Amém!*

Presidente: Ide em paz, e o Senhor vos acompanhe.

Todos: Graças a Deus!

Canto final

ENTREGA DO ESCAPULÁRIO[20]

Preparar

Escapulário para os catequizandos.

Água benta.

A entrega é realizada após a oração depois da comunhão.

Catequista: Aproximem-se os catequizandos que receberão o escapulário.

Os catequizandos colocam-se diante do altar.

Quem preside explica o sentido de usar o escapulário.

O que é o escapulário?

1. Tem esse nome porque é para ser colocado sobre a escápula (osso grande em par que está nas costas, perto dos ombros).
2. O escapulário é como um escudo. Os escudos eram usados pelos soldados para enfrentar as batalhas. Assim, ficavam protegidos contra os ataques dos inimigos.
3. O escapulário é um escudo para os cristãos que se deixam guiar pela fé em Jesus Cristo, acompanhados pela Virgem Maria.
4. Quem se reveste do escapulário recorda que sempre a Mãe de Deus e Jesus, nosso Deus e Senhor, nos acompanham e nos protegem das ciladas do maligno.

---

[20] *Livro do catequista:* Casa da Iniciação Cristã: Crisma 1 – A fé da Igreja. São Paulo: Paulinas, 2018. p. 227.

CRISMA 1

Bênção do escapulário

Presidente: Recebe este escapulário, sinal da união especial com Maria, a Mãe de Jesus, a quem se empenhará em imitar. Este escapulário recorda a sua dignidade de cristão, sua dedicação ao serviço dos outros e a imitação de Maria. Leva-o como sinal de sua proteção divina, disposto a cumprir a vontade de Deus e a empenhar-se em trabalhar para a construção de um mundo mais fraterno, de justiça e paz.

Todos: *Amém!*

Entrega individual do escapulário.

CRISMA 1

CELEBRAÇÃO PENITENCIAL[21]

Ritos iniciais

Canto inicial à escolha da comunidade.

Presidente: Em nome do Pai, e do Filho e do Espírito Santo.

Todos: *Amém!*

Presidente: O Senhor, que é bom para com todos, habite sempre em seus corações.

Todos: Bendito seja Deus, que nos reuniu no amor de Cristo!

Quem preside (ou um catequista) explica brevemente o significado da celebração.

Presidente: Oremos. Ó Deus misericordioso, que mostrais o vosso amor no perdão e revelais vossa alegria em santificar, concedei-nos reconhecer nossos pecados para sermos libertados de todo mal, a fim de recebermos a vida nova no Espírito. Por Cristo, Nosso Senhor.

Todos: *Amém!*

Liturgia da Palavra

Aclamação ao Evangelho

Canto à escolha da comunidade.

Evangelho: Lc 19,1-10.

Homilia

Presidente: Zaqueu era um homem malvisto porque era corrupto e causava injustiça. Ele teve a curiosidade de conhecer Jesus.

Quando Jesus viu Zaqueu, foi ao encontro dele, entrou em sua casa e com essa visita mudou sua vida. Zaqueu se arrependeu do mal cometido e reparou o mal devolvendo o dinheiro desviado da cobrança de impostos.

---

[21] *Livro do catequista:* Casa da Iniciação Cristã: Crisma 1 – A fé da Igreja. São Paulo: Paulinas, 2018. p. 229.

CRISMA 1

Como Zaqueu, precisamos deixar que Jesus entre na casa da nossa vida, mude o que deve ser mudado para que tenhamos uma vida nova. É preciso ser ousado, corajoso e capaz de mudar de vida para ser feliz.

Recordemos que Jesus veio procurar o que estava perdido. Ele sempre está disposto a nos perdoar para que possamos nos encontrar com o verdadeiro sentido da vida.

Exame de consciência

Presidente: **Como vai a minha relação com Deus?**

- Procuro, durante o meu dia, um momento para me encontrar a sós com Deus?
- Procuro ouvir Deus através da Bíblia?
- Participo da missa?
- Qual é o lugar de Deus na minha vida?
- Rezo sempre ou só quando preciso?

Como vai a minha relação com os outros?

- Fui egoísta?
- Escuto os outros com paciência?
- Estou atento aos sentimentos, às alegrias e às angústias das pessoas que vivem comigo?
- Ajudo as pessoas que precisam de mim?
- Respeito e cuido dos doentes, dos idosos e das pessoas mais necessitadas?
- Falo mal das pessoas?
- Digo mentiras?
- Roubei? Tive inveja? Fui injusto?
- Sei conversar com todos ou gasto mais tempo com o celular e a internet, evitando conviver?

Como vai a minha relação com o mundo?

- O que vejo na TV e na internet?
- Consigo escolher o bem e me afastar do mal?
- Sei pensar nos problemas dos outros: a doença, a guerra, a fome, a violência?
- Percebo o mal que a droga faz a este mundo?
- Cuido da natureza?

Como vai a minha relação comigo mesmo?

- Cuido do meu corpo e da minha saúde?
- Penso demais em mim?
- Tive maus pensamentos?
- Pratiquei o que é ruim aos olhos de Deus?
- Sei perdoar e aceitar o perdão?

Ato penitencial

Presidente: Arrependidos dos pecados cometidos, antes de confessar e receber o perdão, vamos proclamar nossa contrição, rezando: Confesso a Deus todo-poderoso e a vós, irmãos e irmãs, que pequei muitas vezes por pensamentos e palavras, atos e omissões, por minha culpa, minha culpa, minha tão grande culpa. E peço à Virgem Maria, aos anjos e santos, e a vós, irmãos e irmãs, que rogueis por mim a Deus, Nosso Senhor.

Em seguida, cada penitente se aproxima do sacerdote para fazer sua confissão.

CRISMA 1

ENCERRAMENTO E ENTREGA DA CRUZ[22]

Preparar

Reservar os primeiros lugares da igreja para catequizandos e catequistas.

Procissão de entrada: Cruz e o Evangeliário (ou Lecionário).

Procissão de ofertas: Cibório (Píxide) com partículas; e galhetas com vinho e água.

Ritos finais: uma cruz para cada catequizando e água benta.

Ritos iniciais

Catequista: Reunidos nesta Eucaristia, memorial da paixão, morte e ressurreição do Senhor, acolhamos, de modo especial, aqueles que concluem o primeiro ano de catequese de Crisma neste caminho da iniciação cristã. Com muita alegria, acompanhemos a procissão de entrada cantando:

Canto à escolha da comunidade.

A procissão é precedida pela cruz e pelo Evangeliário; em seguida, seguem os catequistas com seus catequizandos e os ministros. A celebração segue como de costume.

Preces da Comunidade

Presidente: Elevemos, irmãos e irmãs, as nossas preces ao Pai, para que acolha nossa oração humilde e confiante, suplicando: **Senhor, acolhei a nossa prece!**

1. Pelo papa, bispos, presbíteros e por toda a Igreja, para que o anúncio do Evangelho renove a esperança de um mundo de justiça e paz, rezemos...

Todos: Senhor, acolhei a nossa prece!

2. Pela nossa sociedade, pelos governantes e por todas as pessoas, para que o perdão supere o ódio, e a verdade vença a mentira, rezemos...

---

[22] *Livro do catequista:* Casa da Iniciação Cristã: Crisma 1 – A fé da Igreja. São Paulo: Paulinas, 2018. p. 231.

3. Por aqueles que concluem o primeiro ano da catequese crismal, por seus catequistas e familiares, para que sejam fortalecidos pela Palavra de Deus, anunciada e acolhida, e pela Eucaristia, que sustenta nosso caminho, rezemos...

4. Pela nossa comunidade paroquial, para que cresça na fidelidade ao Evangelho e se mostre sempre mais acolhedora, orante, fraterna e solidária, rezemos...

5. Pelos doentes, pelas vítimas da violência e por todos que passam provações, para que reconheçam a fidelidade do amor de Jesus e encontrem, em nós, instrumentos desse amor, rezemos...

Presidente: Acolhei, Pai Santo, as preces que apresentamos neste dia. Elas saem do nosso coração e chegam até vós, por Cristo, vosso Filho, que convosco vive e reina na unidade do Espírito Santo.

Todos: *Amém!*

Apresentação das ofertas

Catequista: Os catequizandos apresentam, com o pão e o vinho, o caminho percorrido neste ano em preparação ao sacramento da Crisma. Oferecem o trabalho dos catequistas, a dedicação desta comunidade e o apoio da família. Acompanhemos este gesto cantando.

À escolha da comunidade.
Três catequizandos levam ao altar o pão, o vinho e a água.

Concluída a oração após a comunhão

Catequista: Aproximem-se os catequizandos que receberão a cruz.

Os catequizandos colocam-se diante do altar.

Presidente: Caros catequizandos, nosso sinal é a cruz de Jesus. Por isso, vocês foram marcados no dia do Batismo com o sinal do Cristo Salvador. Somos todos convidados a levá-la no coração e nela reconhecer a salvação oferecida por Cristo. Hoje, ao entregarmos este sinal, queremos que vocês vivam o que ele ensinou. Recebam a cruz do nosso Salvador, pois a cruz é nossa vitória.

CRISMA 1

Os jovens aproximam-se para receber a cruz. Enquanto ocorre a imposição da cruz, pode-se cantar: **No peito eu levo uma cruz, no meu coração o que disse Jesus.** *(Pe. Zezinho).*

Presidente: Ó Deus, por vosso amor participamos do mistério da Paixão e Ressurreição de vosso Filho, Jesus Cristo. Fortalecei-nos no Espírito Santo, para que caminhemos na vida com Cristo. Que a vossa cruz brilhe em nossa vida, dissipando as trevas do erro e da morte e iluminando nossos passos de discípulos missionários. Por Jesus Cristo, Nosso Senhor.

Todos: *Amém!*

Bênção final

Quem preside a celebração anima o grupo a dar continuidade ao caminho catequético no próximo ano. Agradece aos catequistas e concede a bênção.

Presidente: O Senhor esteja convosco.

Todos: Ele está no meio de nós!

Presidente: Deus todo-poderoso vos abençoe na sua bondade e infunda em vós a sabedoria da salvação.

Todos: *Amém!*

Presidente: Sempre vos alimente com os ensinamentos da fé e vos faça perseverar nas boas obras.

Todos: *Amém!*

Presidente: Oriente para ele os vossos passos e vos mostre o caminho da caridade e da paz.

Todos: *Amém!*

Presidente: Abençoe-vos o Deus todo-poderoso, Pai, e Filho e Espírito Santo.

Todos: *Amém!*

Presidente: Glorificai o Senhor com vossa vida. Ide em paz, e o Senhor vos acompanhe.

Todos: Graças a Deus!

RITO DO SINAL-DA-CRUZ[23]

Esse rito pode ser realizado de acordo com a realidade de cada comunidade:
- *na celebração eucarística;*
- *na celebração da Palavra; e*
- *na comunidade reunida especialmente para essa celebração.*

Observações:
- *A celebração pode ser realizada na porta da igreja ou no presbitério, preferencialmente, após o canto inicial da Missa e antes do Sinal-da-Cruz.*
- *Os crismandos, ao serem chamados pelo presidente da celebração, ficam em pé. São indagados e respondem. Em seguida, todos se aproximam para ser assinalados com a cruz, que será feita nos olhos, nos ouvidos, na boca e nas mãos.*
- *Os catequistas podem ajudar a fazer esse gesto.*
- *Convém, porém, que, no final, quem preside imponha as mãos sobre cada crismando, garantindo a acolhida do ministro.*

Canto de entrada

Sinal-da-Cruz e saudação inicial

Diálogo

Presidente: Querida comunidade, hoje vamos acolher alguns irmãos e irmãs que estão se preparando para confirmar sua fé por meio do sacramento da Crisma e participar, conosco, do caminho de Jesus Cristo. Vamos acolhê-los.

Catequista: Queiram se aproximar os crismandos que serão assinalados com a cruz de Cristo, Nosso Salvador.

---

[23] *Livro do catequista:* Casa da Iniciação Cristã: Crisma 2 – O seguimento de Jesus. São Paulo: Paulinas, 2019. p. 49.

Presidente: N. N. *(Quem preside chama cada um dos crismandos, que responde:)*

Crismando: *Eis-me aqui!* ou *Presente!*

Se o número de crismandos for elevado, pode-se ler toda a lista de nomes e, numa vez apenas, todos dizem juntos: **Eis-me aqui!**

As demais perguntas podem ser dirigidas a todos ao mesmo tempo.

Presidente: O que vocês pedem à Igreja de Deus?

Candidato: *A fé em Cristo.*

Presidente: E essa fé, o que lhes dará?

Candidato: *A vida eterna.*

Assinalação da fronte e dos sentidos

Presidente: A vida eterna consiste em conhecermos o verdadeiro Deus e também Jesus Cristo, que ele enviou. Ressuscitado dos mortos, Jesus foi constituído por Deus, Senhor da vida e de todas as coisas visíveis e invisíveis. Se vocês querem ser seus discípulos e membros da Igreja, é preciso que sejam instruídos em toda a verdade revelada por Ele; que aprendam a ter os mesmos sentimentos de Jesus Cristo e procurem viver segundo o Evangelho, amando a Deus e o próximo como Jesus amou. Vocês estão de acordo com tudo isso?

Crismando: *Estou!*

Voltando-se para os catequistas:

Presidente: E vocês, catequistas, que fazem parte desta comunidade de fé, estão dispostos a ajudá-los a encontrar e seguir Jesus Cristo?

Todos: *Estamos!*

Presidente: Pai de bondade, nós vos agradecemos por esses vossos servos, que, de muitos modos, inspirastes e atraístes. Eles vos procuraram e responderam, na presença desta santa assembleia, ao chamado que hoje lhes dirigistes. Por isso, Senhor Deus, nós vos louvamos e bendizemos.

Todos: *Bendito seja Deus para sempre!*

CRISMA 2

Assinalação da fronte e dos sentidos

Presidente: Irmãos e irmãs, Cristo chamou vocês para serem seus amigos; lembrem-se sempre dele e sejam fiéis em segui-lo! Para isso, vou marcar vocês com o Sinal-da-Cruz de Cristo, que é o sinal dos cristãos. Esse sinal vai fazer com que se lembrem de Cristo e de seu amor por vocês.

Traçando a cruz na fronte do crismando; pode-se pedir que os catequistas auxiliem nesse rito.

Presidente: Recebe na fronte o Sinal-da-Cruz. O próprio Cristo te proteja com o sinal do seu amor. Aprende a conhecê-lo e a segui-lo.

Enquanto assinala os ouvidos:

Presidente: Recebe o Sinal-da-Cruz sobre os ouvidos, para escutar a voz do Senhor.

Enquanto assinala os olhos:

Presidente: Recebe o Sinal-da-Cruz sobre os olhos, para ver a glória de Deus.

Enquanto assinala a boca:

Presidente: Recebe o Sinal-da-Cruz sobre a boca, para responder à Palavra de Deus.

Enquanto assinala o peito:

Presidente: Recebe o Sinal-da-Cruz no peito, para que Cristo habite em seu coração.

Enquanto assinala os ombros:

Presidente: Recebe o Sinal-da-Cruz nos ombros, para carregar o jugo suave de Cristo.

Presidente: *Dirige-se a todos dizendo:* Eu marco vocês com o Sinal-da-Cruz: em nome do Pai, do Filho e do Espírito Santo, para que vocês tenham a vida eterna.

Todos: *Amém!*

Pode-se cantar: *Vitória, tu reinarás, ó cruz tu nos salvarás!*

CRISMA 2

Oração conclusiva

Presidente: Oremos. Deus todo-poderoso, que pela cruz e ressurreição de vosso Filho destes vida ao vosso povo, concedei que esses vossos servos e servas, marcados com o Sinal-da-Cruz, seguindo os passos de Cristo, conservem, em sua vida, a graça da vitória da cruz e a manifestem por palavras e gestos. Por Cristo, Nosso Senhor.

Todos: *Amém!*

Presidente: Irmãos e irmãs, participem conosco da Mesa da Palavra de Deus!

Seguem o hino de glória se estiver previsto, a oração do dia, etc. Nas preces da comunidade, reza-se o que segue:

Preces da comunidade

Presidente: Oremos por nossos irmãos e irmãs. Eles já fizeram um percurso na catequese. Agradeçamos pela bondade de Deus que os conduziu a este dia e peçamos que possam percorrer o grande caminho que ainda falta para participarem plenamente de nossa vida em Cristo.

Leitor: Senhor, que a proclamação e a escuta da vossa Palavra revelem a esses irmãos e irmãs Jesus Cristo, vosso Filho. Pedimos:

Todos: *Senhor, atendei à nossa prece!*

Leitor: Inspirai, Senhor, esses crismandos, para que, com generosidade e disponibilidade, acolham vossa vontade. Pedimos:

Todos: *Senhor, atendei à nossa prece!*

Leitor: Senhor, sustentai, com o auxílio sincero e constante dos catequistas, a caminhada desses vossos servos. Pedimos:

Todos: *Senhor, atendei à nossa prece!*

Leitor: Fazei, Senhor, que a nossa comunidade, unida na oração e na prática da caridade, seja exemplo de vida para esses irmãos e irmãs que iniciam seu caminho. Pedimos:

Todos: *Senhor, atendei à nossa prece!*

CRISMA 2

Os crismandos se dirigem à frente e se ajoelham diante de quem preside. Esse, com as mãos estendidas sobre os candidatos, diz a seguinte oração:

Presidente: Deus eterno e todo-poderoso, sois o Pai de todos e criastes o homem e a mulher à vossa imagem. Acolhei com amor esses nossos irmãos e irmãs e concedei que eles, renovados pela força da Palavra de Cristo, que ouviram nesta assembleia, cheguem pela vossa graça à plena conformidade com vosso Filho Jesus, que vive e reina para sempre.

Todos: *Amém!*

Segue a liturgia como de costume.

CRISMA 2

RITO DA PURIFICAÇÃO[24]

Cada crismando seja acompanhado, ao menos, por um adulto, nessa celebração (padrinho ou madrinha, pai ou mãe). Após a homilia, um catequista chama os crismandos.

Catequista: Aproximem-se os que estão se preparando para a Crisma e desejam ser purificados pela água viva que é Cristo Senhor. Igualmente aproximem-se seus pais ou padrinhos.

Os crismandos põe-se de pé, diante de quem preside. O padrinho (ou madrinha) ou o pai (ou mãe) coloca-se atrás de seu afilhado(a) ou filho(a). Enquanto eles se aproximam, pode-se cantar: **Eu te peço desta água que tu tens...** *(Pe. Zezinho).*

Presidente: Irmãos e irmãs, rezemos em silêncio pelos crismandos, implorando ao Espírito Santo que lhes conceda a verdadeira liberdade dos filhos de Deus.

Breve pausa.

Voltando-se para os crismandos:

Presidente: Queridos crismandos, manifestem sua atitude de entrega ao Senhor, ajoelhando ou inclinando o corpo para a oração.

Todos rezam um instante em silêncio e, depois, podem erguer-se.

Preces

Catequista: Pedimos aos padrinhos (ou pais) que coloquem a mão direita sobre o ombro de seu afilhado.

Presidente: Oremos por estes crismandos, para que, concluída sua preparação, nestas festas pascais, encontrem o Cristo nos seus sacramentos. A cada invocação rezemos: **Senhor, escutai a nossa prece!**

1 – Para que estes crismandos, a exemplo da samaritana, façam a experiência do encontro e do diálogo com Cristo e reconheçam os próprios pecados, roguemos ao Senhor.

---

[24] *Livro do catequista:* Casa da Iniciação Cristã: Crisma 2 – O seguimento de Jesus. São Paulo: Paulinas, 2019. p. 74.

CRISMA 2

2 – Para que sejam libertados do espírito de descrença que afasta a humanidade do caminho de Cristo, roguemos ao Senhor.
3 – Para que, à espera do dom de Deus, cresça neles o desejo de água viva que jorra para a vida eterna, roguemos ao Senhor.
4 – Para que, tendo experimentado o maravilhoso encontro com Cristo, possam transmitir aos amigos e concidadãos sua mensagem de alegria, roguemos ao Senhor.
5 – Para que todos nós, acolhendo o ensinamento de Cristo e aceitando a vontade do Pai, possamos realizar, amorosamente, a sua obra, roguemos ao Senhor.

Exorcismo

De mãos unidas e voltado para os eleitos, quem preside diz:

Presidente: Oremos. Pai de misericórdia, por vosso Filho vos compadecestes da samaritana e, com a mesma ternura paterna, oferecestes a salvação a todo pecador. Olhai em vosso amor estes eleitos que desejam receber, pelos sacramentos, a adoção de filhos e o dom do Espírito Santo, que eles, livres da servidão do pecado e do pesado jugo do demônio, recebam o suave jugo de Cristo. Protegei-os de todos os perigos, a fim de que vos sirvam fielmente na paz e na alegria e vos rendam graças para sempre. Por Cristo, Nosso Senhor.

Todos: *Amém!*

Quem preside impõe as mãos sobre a cabeça de cada eleito, rezando por ele em silêncio, depois com as mãos estendidas reza:

Presidente: Senhor Jesus, que em vossa admirável misericórdia convertestes a samaritana, para que adorasse o Pai em espírito e verdade, libertai agora das ciladas do demônio estes crismandos que se aproximam das fontes de água viva do Batismo, ou que já receberam esta água; convertei seu coração pela força do Espírito Santo, a fim de conhecerem o vosso Pai, pela fé sincera que se manifesta na caridade. Vós que viveis e reinais para sempre.

Todos: *Amém!*

Todos voltam aos seus lugares, e a celebração continua como de costume.

CRISMA 2

RITO DA ILUMINAÇÃO[25]

Convidar o padrinho ou madrinha do crismando - na impossibilidade, o pai ou a mãe - a participar do rito. Cada crismando seja acompanhado, ao menos, por um adulto nessa celebração.

Colocar o círio pascal próximo à Mesa da Palavra.

Providenciar uma vela para cada crismando.

Após a homilia, um catequista chama os crismandos.

Catequista: Aproximem-se os que estão se preparando para a Crisma e desejam ser iluminados pela luz do Espírito Santo. Venham também seus padrinhos ou pais. Convidamos os crismados a acenderem sua vela no círio pascal que representa Cristo ressuscitado. Cantemos, invocando a luz do Espírito Santo:

Os crismandos se aproximam e os padrinhos ou os pais se colocam logo atrás de cada um deles. Enquanto os crismandos acendem a vela, pode-se cantar: **A nós descei divina luz**... *Os crismandos põem-se de pé, diante de quem preside.*

Presidente: Irmãos e irmãs, rezemos em silêncio pelos crismandos, implorando a luz do Espírito Santo que ilumina todo ser humano que vem a este mundo.

Breve pausa.

Preces

Presidente: Rezemos, irmãos e irmãs, por estes crismandos chamados por Deus, para que sejam iluminados pela luz de Cristo e se tornem testemunhas do Evangelho. A cada invocação, rezemos: **Senhor, escutai a nossa prece!**

1 – Para que Deus dissipe as trevas, e que sua luz brilhe no coração destes eleitos, rezemos.

2 – Para que o Pai conduza esses crismandos a Cristo, luz do mundo, rezemos.

---

[25] *Livro do catequista:* Casa da Iniciação Cristã: Crisma 2 – O seguimento de Jesus. São Paulo: Paulinas, 2019. p. 103.

3 - Para que Deus abra o coração desses crismandos, e que eles proclamem a sua fé no Senhor da luz e fonte da verdade, rezemos.

4 - Para que, salvos por aquele que tira o pecado do mundo, sejam libertados do contágio e da influência do mal, rezemos.

5 - Para que todos nós, pelo exemplo de nossa vida, sejamos em Cristo luz do mundo, rezemos.

Apagam-se as velas.

Exorcismo

Voltando-se para os crismandos:

Presidente: Queridos crismandos, manifestem disponibilidade para o Senhor Jesus, ajoelhando ou inclinando o corpo, para a oração.

Todos rezem em silêncio.

Catequista: Pedimos aos padrinhos ou pais que coloquem a mão direita sobre o ombro de seu afilhado.

De mãos unidas e voltado para os eleitos, quem preside diz:

Presidente: Oremos. Pai de bondade, que destes ao cego de nascença a graça de crer em vosso Filho e de alcançar pela fé o vosso Reino de luz, libertai estes crismandos dos erros que cegam e concedei-lhes, de olhos fixos na verdade, tornarem-se para sempre filhos da luz. Por Cristo, Nosso Senhor.

Todos: *Amém!*

Quem preside impõe as mãos sobre a cabeça de cada crismando, rezando por ele em silêncio, depois, com as mãos estendidas, reza:

Presidente: Senhor Jesus, luz verdadeira, que iluminais toda a humanidade, libertai, pelo Espírito Santo, os que se encontram oprimidos pelo pai da mentira, e despertai a boa vontade dos que chamastes aos vossos sacramentos, para que, na alegria da vossa luz, tornem-se, como o cego outrora iluminado, audazes testemunhas da fé. Vós que viveis e reinais para sempre.

Todos: *Amém!*

Todos voltam aos seus lugares, e a celebração continua normalmente.

CRISMA 2

RITO DA LIBERTAÇÃO[26]

Cada crismando seja acompanhado, ao menos, por um adulto (pai, mãe, padrinho ou madrinha) nessa celebração.

Após a homilia, um catequista chama os candidatos.

Catequista: Aproximem-se os que estão se preparando para a Crisma, com seus padrinhos ou seus pais. Enquanto isso, cantemos:

Os crismandos se aproximam, e os padrinhos ou os pais se colocam logo atrás de cada um deles.

Enquanto eles se aproximam do altar, pode-se cantar um refrão da música: **Me chamastes para caminhar na vida contigo.**

Iniciar com o refrão: **Ó Jesus não me deixe jamais caminhar solitário...** *(ou outro canto conhecido).*

Presidente: Irmãos e irmãs, rezemos em silêncio pelos crismandos, implorando que Deus renove sua vida para acolherem com fé a vida segundo o caminho de Jesus.

Breve pausa.

Preces

Presidente: Oremos, irmãos e irmãs, por estes escolhidos de Deus, para que, participando da morte e ressurreição de Cristo, possam superar, pela graça dos sacramentos, o pecado e a morte, dizendo: **Senhor, escutai a nossa prece!**

1 – Para que estes eleitos recebam o dom da fé e proclamem que o Cristo é a ressurreição e a vida, rezemos.

2 – Para que livres de seus pecados, deem frutos de santidade para a vida eterna, rezemos.

3 – Para que, rompidos pela penitência os laços do demônio, se tornem semelhantes a Cristo e, mortos para o pecado, vivam sempre para Deus, rezemos.

---

[26] *Livro do catequista:* Casa da Iniciação Cristã: Crisma 2 – O seguimento de Jesus. São Paulo: Paulinas, 2019. p. 133.

4 - Para que, na esperança do Espírito Santo, se disponham a renovar sua vida, rezemos.

5 - Para que todos nós manifestemos ao mudo o poder da ressurreição de Cristo, rezemos.

Exorcismo

Voltando-se aos crismandos:

Presidente: Queridos crismandos, manifestem sua disposição para a mudança de vida ajoelhando, ou inclinando o corpo, para a oração. E pedimos aos padrinhos ou pais que coloquem a mão direita sobre o ombro de seu afilhado.

De mãos unidas e voltado aos eleitos, quem preside diz:

Presidente: Oremos. Deus Pai, fonte da vida, vossa glória está na vida feliz dos seres humanos, e o vosso poder se revela na ressurreição dos mortos. Arrancai da morte os que escolhestes e desejam receber a vida pelo Batismo. Livrai-os da escravidão do demônio, que, pelo pecado, deu origem à morte e quis corromper o mundo que criastes bom. Submetei-os ao poder do vosso Filho amado, para receberem dele a força da ressurreição e testemunharem, diante de todos, a vossa glória. Por Cristo, Nosso Senhor.

Todos: *Amém!*

Quem preside impõe as mãos sobre a cabeça de cada eleito, rezando por ele em silêncio, depois, com as mãos estendidas, reza:

Presidente: Senhor Jesus Cristo, ordenastes a Lázaro sair vivo do túmulo e pela vossa ressurreição libertastes da morte toda a humanidade, nós vos imploramos em favor de vossos servos e servas, que acorrem às águas do novo nascimento e à ceia da vida; não permitais que o poder da morte retenha aqueles que, por sua fé, vão participar da vitória de vossa ressurreição. Vós que viveis e reinais para sempre.

Todos: *Amém!*

Todos voltam aos seus lugares, e a celebração continua normalmente.

CELEBRAÇÃO DA PENITÊNCIA[27]

Preparar

Cruz.
Água benta para aspersão.

Ritos iniciais

Em pé.

Comentário: Sejam todos bem-vindos para a celebração do sacramento da Penitência. Hoje queremos dirigir o nosso olhar para o Pai, reconhecer que nem sempre seguimos o seu Filho, confessar os nossos pecados, pedir perdão e recomeças nosso caminho. As bem-aventuranças nos indicam o caminho para encontrar serenidade, paz e alegria. Iniciemos esta celebração, cantando:

Canto de Entrada

À escolha da comunidade.

Saudação

Presidente: A graça da redenção de Cristo esteja convosco.
Todos: Bendito seja Deus que nos reuniu no amor de Cristo.

Oração

Presidente: Ó Pai de ternura e compaixão, voltai o vosso olhar de bondade para nós, vossos filhos, que reconhecemos ser pecadores. Acolhei-nos no caminho de volta para vós e concedei-nos viver segundo a Palavra de Jesus, o Filho do vosso amor, que é Deus e vive reina na unidade do Espírito Santo.
Todos: *Amém!*

Liturgia da Palavra

Sentados.

Primeira leitura: *Colossenses 3,12-17*

---

[27] *Livro do catequista:* Casa da Iniciação Cristã: Crisma 2 – O seguimento de Jesus. São Paulo: Paulinas, 2019. p. 150.

CRISMA 2

Leitor: Leitura da Segunda Carta de São Paulo apóstolo aos colossenses. Irmãos, vós **sois amados por Deus**, sois seus santos eleitos. Por isso, revesti-vos de sincera **misericórdia**, **bondade**, **humildade**, **mansidão** e **paciência**, **suportando-vos** uns aos outros e vos perdoando mutuamente se um tiver queixa contra o outro. Como o Senhor vos perdoou, assim **perdoai** vós também. Mas, sobretudo, **amai-vos uns aos outros**, pois o amor é o vínculo da perfeição. Que a paz de Cristo reine em vosso coração, à qual fostes chamados como membros de um só corpo. E **sede agradecidos**. Que a Palavra de Cristo, com toda sua riqueza, habite em vós. Palavra do Senhor!

Todos: Graças a Deus!

Presidente: Recordemos alguns pontos da leitura que acabamos de ouvir:

- **Sois amados por Deus.**
- Revesti-vos de sincera **misericórdia**, **bondade**, **humildade**, **mansidão** e **paciência**.
- **Suportando-vos** uns aos outros.
- **Amai-vos uns aos outros.**
- **Sede agradecidos.**

Silêncio.

Aclamação ao Evangelho

De pé - Canto à escolha da comunidade.

Evangelho: Mt 5,1-12.

Presidente: O Senhor esteja convosco.

Todos: Ele está no meio de nós!

Presidente: Proclamação do Evangelho de Jesus Cristo segundo Mateus.

Todos: Glória a vós, Senhor!

Presidente: "Naquele tempo, vendo Jesus as multidões, subiu ao monte e sentou-se. Os discípulos aproximaram-se, e Jesus começou a ensiná-los: **Bem-aventurados os pobres em espírito,** porque deles é o Reino dos Céus. **Bem-aventurados os aflitos,** porque serão consolados. **Bem-aventurados os mansos,** porque possuirão a terra. **Bem-aventurados os que têm fome e sede de justiça**, porque serão saciados. **Bem-aventurados os misericordiosos**, porque alcançarão misericórdia. **Bem-aventurados os puros de coração**, porque verão a Deus. **Bem-aventurados os que promovem a paz**, porque serão chamados filhos de Deus. **Bem-aventurados os que são perseguidos por causa da justiça**, porque deles é o Reino dos Céus. **Bem-aventurados sois vós, quando vos injuriarem e perseguirem e, mentindo, disserem todo tipo de mal contra vós, por causa de mim**. Alegrai-vos e exultai, porque será grande a vossa recompensa nos Céus." Palavra da Salvação.

Todos: Glória a vós, Senhor!

Silêncio.

Homilia

Presidente: As bem-aventuranças são uma espécie de síntese de toda mensagem de Jesus.

– Elas superam o simples legalismo do que é certo e do que é errado.

– Não refletem apenas o que se pode e o que não se pode fazer.

– No contexto evangélico, Jesus as proclama como uma proposta diferente às leis dos escribas e fariseus.

– Deus não olha apenas normas e regras exteriores, Ele vai ao fundo do coração humano e olha para o homem como um todo.

– Quem segue a Lei de Deus não é, portanto, apenas legal ou ilegal, mas é muito mais: é feliz, bem-aventurado.

– Quem segue os mandamentos de Jesus é feliz na aventura de viver.

– Na primeira leitura, os conselhos que Paulo apóstolo dá aos colossenses servem para nos ajudar a ser os felizes do Evangelho: humildade, perdão, bondade e paciência.

Exame de consciência

Presidente: As bem-aventuranças nos ajudam a analisar por que nem sempre somos felizes na aventura da vida. Como estão as nossas relações com o mundo e com as pessoas?

1. Bem-aventurados os pobres, deles é o Reino.

   Como eu trato as pessoas? Sou humilde, sei agradecer? Discrimino alguém, desviei meu olhar de quem sofre e passa necessidade? Ajudei os que mais precisam?

2. Bem-aventurados os aflitos, serão consolados.

   Como vivi os momentos de tristeza? Quando as dificuldades da vida apareceram, como reagi? Sei consolar quem está sofrendo ou fico indiferente à dor do outro?

3. Bem-aventurados os mansos, herdarão a terra.

   Ser manso é o oposto de ser violento. Como usei as palavras, os gestos e até o pensamento? Fui violento ou agressivo? Quem me conhece, o que diz de minhas atitudes?

4. Bem-aventurados os puros de coração, verão a Deus.

   Diante de tantos apelos da sociedade erotizada, sou capaz de ver o corpo humano (o meu e o dos outros) sem torná-lo objeto de prazer? Entendo que meu corpo é lugar onde Deus habita? Como cuido da saúde, das paixões e das pulsões? Evitei tudo que causa mal à minha saúde? Como cuido do meu corpo?

5. Bem-aventurados os que promovem a paz, serão chamados filhos de Deus.

   Diante de tantas ameaças à paz, do terrorismo, das guerras e das migrações dos povos, o que eu penso? Sou capaz de construir a paz mesmo em nível local? Sou uma pessoa vingativa? Cuido da natureza e de toda Criação de Deus?

Outros pontos para exame dos catequizandos:

- Tenho rezado diariamente?
- Frequento a comunidade e participo da santa Missa toda semana?
- Respeito meus familiares?

- Como trato meus irmãos e amigos? Sou egoísta?
- Menti? Prejudiquei alguém? Falei mal de alguém?
- Humilhei alguém com palavras e gestos?
- Sei perdoar quem me ofendeu?
- Pedi perdão quando ofendi?
- Fiz algo diferente do que Jesus ensina?
- Perdi o sentido de viver? Desanimei da vida?
- Prefiro gastar tempo com celular e computador do que com as pessoas?

Cada pessoa coloca-se nas mãos de Deus. Diante dele, cada um apresenta-se com seus pecados, omissões e faltas. Por que não sou feliz como ensina o Evangelho?

Silêncio.

Rito da reconciliação

Presidente: Irmãos e irmãs, confessai vossos pecados e orai uns pelos outros para conseguir a salvação. E contemplando a cruz do Senhor, confessemos que somos pecadores:

Todos: **Confesso a Deus todo-poderoso e a vós, irmãos e irmãs, que pequei muitas vezes por pensamentos e palavras, atos e omissões:** *(e batendo no peito)* **por minha culpa, minha culpa, minha tão grande culpa. E peço à Virgem Maria, aos anjos e santos e a vós, irmãos e irmãs, que rogueis por mim a Deus, Nosso Senhor.**

Presidente: Senhor Deus, mostrai-vos bondoso para com vossos filhos e filhas, pois se reconhecem pecadores diante da Igreja; que ela os liberte de todo pecado, e possam, de coração puro, render-vos graças. Por Cristo, Nosso Senhor.

Todos: *Amém!*

Presidente: Conscientes de que a verdadeira felicidade é dom de Deus, concedido a quem nele confia com amor filial, elevemos ao Pai do céu a oração que Jesus nos ensinou. **Pai-Nosso...**

Aspersão

Presidente: O Salmo 50 da Bíblia é uma súplica de perdão. Enquanto somos aspergidos com água, sinal do Batismo e da purificação que a Graça de Deus concede, rezemos, juntos, estas frases do Salmo:

O sacerdote passa pela assembleia aspergindo-a com água benta e os penitentes traçam sobre si o Sinal-da-Cruz. As frases que seguem podem ser cantadas.

Leitor: *Tende piedade, ó meu Deus, misericórdia!*

Todos: *Na imensidão do vosso amor, purificai-me.*

Leitor: *Lavai-me todo inteiro do pecado.*

Todos: *E apagai completamente a minha culpa.*

Leitor: *Aspergi-me, Senhor, e serei puro do pecado.*

Todos: *E mais branco do que a neve ficarei.*

Leitor: *Meu sacrifício é minha alma penitente.*

Todos: *Não desprezeis um coração arrependido.*

Confissão dos pecados

Presidente: *Cada um pode dirigir-se ao sacerdote e confessar seus pecados para obter o perdão.*

Enquanto as pessoas estão no confessionário, uma música penitencial, entoada suavemente, pode ajudar.

Ação de graças

Terminadas as confissões individuais, pode-se cantar um salmo, proclamando e agradecendo a misericórdia de Deus.

Oração

Presidente: Deus, Pai de misericórdia, nós vos agradecemos pelo vosso perdão. Com nossas famílias e com toda a Igreja, vos louvamos com a voz, o coração e a vida. A vós a glória, agora e para sempre. Por Cristo, Nosso Senhor. Amém!

Ritos finais e bênção

Presidente: O Senhor esteja convosco.

Todos: Ele está no meio de nós.

Presidente: O Senhor vos conduza segundo o amor de Deus e a paciência de Cristo.

Todos: *Amém!*

Presidente: Para que possais caminhar na vida nova e agradar a Deus em todas as coisas.

Todos: *Amém!*

Presidente: E desça sobre todos a bênção do Deus misericordioso: Pai, e Filho e Espírito Santo.

Todos: *Amém!*

Presidente: Como há festa no céu por um pecador que se converte, haja alegria no vosso coração e na vossa casa. Ide em paz, e que o Senhor vos acompanhe.

Todos: Demos graças a Deus!

CRISMA 2

CELEBRAÇÃO DA CRISMA[28]

Tempo litúrgico

1. *A cor litúrgica seguirá a indicação do Tempo Litúrgico.*
2. *Nos domingos do Advento e da Quaresma, usa-se paramento roxo, e segue a Missa e leituras previstas do domingo. O mesmo ocorre se a celebração acontece nos dias de semana desse tempo.*
3. *Nos domingos do Tempo Comum e dias de semana desse tempo, usam-se paramentos vermelhos, e a Missa do ritual da Crisma.*
4. *Nos domingos do Tempo de Natal e de Páscoa, usa-se paramento branco e segue a Missa com orações e leituras previstas àquele domingo.*
5. *Em solenidades e Festas do Senhor, usa-se o branco e segue a Missa e leituras próprias da solenidade.*

Espaço litúrgico

1. *Deixar em destaque o círio pascal, próximo à Mesa da Palavra.*
2. *Preparar, na credência (mesa de apoio): bacia, água e sabonete para o bispo lavar as mãos após a Crisma.*
3. *Preparar também os cibórios (píxides), o cálice e o material para o lavabo.*
4. *Preparar patena com partículas, galheta com vinho e galheta com água para os crismados levarem ao altar na apresentação das oferendas.*

Orientações

1. *Os crismandos e seus padrinhos podem estar sentados nos primeiros bancos da igreja ou formarem fila e entrarem em procissão. Os crismandos podem usar um crachá com seu primeiro nome, ou se pode pedir que o padrinho informe o nome do afilhado para o bispo, no momento da Crisma.*
2. *Na frente da procissão, junto com a cruz processional, pode entrar o círio pascal carregado por um catequista.*

---

[28] *Livro do catequista:* Casa da Iniciação Cristã: Crisma 2 – O seguimento de Jesus. São Paulo: Paulinas, 2019. p. 190.

CRISMA 2

3. *Após a homilia, o padre apresenta os crismandos ao Bispo. Um catequista relata como os jovens foram preparados. O relato deve ser breve, referindo-se ao tempo da catequese e a outras atividades que os crismandos realizaram na comunidade.*
4. *Quando o Bispo acolhe os crismandos, pode-se aclamar com palmas.*
5. *Na renovação das promessas batismais, não é preciso acender velas aos crismandos, pois já realizaram o Rito da Luz ao longo do ano.*
6. *Os catequistas poderiam realizar as preces dos fiéis.*

Ritos iniciais
Comentário inicial

Comentarista: Sejam todos bem-vindos. Hoje temos a alegria de celebrar a presença do Espírito Santo na vida da comunidade por meio da Crisma. O Espírito Santo vem, com força vivificadora, confirmar nossos jovens para seguirem Jesus Cristo. Acompanhemos a procissão de entrada com os crismandos, seus padrinhos e familiares, os padres e o (arce)bispo **N.** que presidirá esta Eucaristia. Neste memorial da paixão, morte e ressurreição do Senhor Jesus, com muita fé, cantemos...

Canto de Entrada

Saudação inicial[29]

Presidente: Em nome do Pai, e do Filho e do Espírito Santo!

Todos: *Amém!*

Presidente: Que o Deus da esperança, que nos cumula de toda alegria e paz em nossa fé, pela ação do Espírito Santo, esteja convosco!

Todos: Bendito seja Deus que nos reuniu no amor de Cristo!

Ato Penitencial[30]

Presidente: O Senhor Jesus, que nos convida à Mesa da Palavra e da Eucaristia, nos chama a segui-lo fielmente. Reconheçamos ser pecadores e invoquemos com confiança a misericórdia do Pai.

Pausa.

---

[29] Missal, p. 431.
[30] Missal, p. 432.

Presidente: Senhor, que sois o caminho que leva ao Pai, tende piedade de nós.

Todos: Senhor, tende piedade de nós!

Presidente: Cristo, que sois a verdade que ilumina os povos, tende piedade de nós.

Todos: Cristo, tende piedade de nós!

Presidente: Senhor, que sois a vida que renova o mundo, tende piedade de nós.

Todos: Senhor, tende piedade de nós!

Presidente: Deus todo-poderoso tenha compaixão de nós, perdoe os nossos pecados e nos conduza à vida eterna.

Todos: *Amém!*

Hino de Glória

No Advento e na Quaresma, omite-se.

Glória a Deus nas alturas, e paz na terra aos homens por Ele amados. Senhor Deus, Rei dos céus, Deus Pai todo-poderoso: nós vos louvamos, nós vos bendizemos, nós vos adoramos, nós vos glorificamos, nós vos damos graças por vossa imensa glória. Senhor Jesus Cristo, Filho Unigênito, Senhor Deus, Cordeiro de Deus, Filho de Deus Pai, vós que tirais o pecado do mundo, tende piedade de nós; vós que tirais o pecado do mundo, acolhei a nossa súplica; vós que estais à direita do Pai, tende piedade de nós. Só vós sois o Santo; só vós, o Senhor; só vós o Altíssimo, Jesus Cristo; com o Espírito Santo, na glória de Deus Pai. **Amém!**

Oração do Dia [31]

Presidente: Oremos:

Pausa.

Deus de poder e misericórdia, nós vos pedimos que o Espírito Santo, vindo habitar em nossos corações, nos transforme em templo de sua glória. Por Nosso Senhor Jesus Cristo, vosso Filho, que é Deus, e convosco vive e reina, na unidade do Espírito Santo, por todos os séculos dos séculos.

Todos: *Amém!*

---

[31] Missal, p. 969.

CRISMA 2

Liturgia da Palavra

Primeira leitura: *Is 61, 1-3a. 6 a. 8b-9.*[32]

Leitor: Livro do profeta Isaías: "O Espírito do Senhor repousa sobre mim, porque o Senhor me ungiu. Ele mandou-me anunciar a Boa-Nova aos pobres, curar os corações feridos, anunciar aos cativos a anistia e a liberdade aos prisioneiros. Anunciar um ano de graça da parte do Senhor, um dia de vingança para o nosso Deus, a fim de consolar os aflitos e dar-lhes uma coroa em vez de cinzas: o óleo da alegria em vez de luto. Vós sereis chamados 'sacerdotes do Senhor'. Eu, o Senhor, lhes darei fielmente a recompensa e selarei com eles uma aliança eterna. Célebre está sua raça entre as nações, e entre os povos, a sua descendência. Todos aqueles que os virem hão de reconhecer a linhagem bendita do Senhor." Palavra do Senhor.

Todos: Graças a Deus!

Salmo[33]

Todos: Enviai o vosso Espírito, Senhor, e da terra toda a face renovai.

Leitor: Bendize, ó minha alma, ao Senhor! / Ó meu Deus e meu Senhor, como sois grande! / Quão numerosas, ó Senhor, são vossas obras, / E que sabedoria em todas elas! Encheu-se a terra com as vossas criaturas.

Leitor: Todos eles, ó Senhor, de vós esperam que a seu tempo vós lhes deis o alimento; vós lhes dais o que comer, e eles recolhem, vós abris a vossa mão, e eles se fartam.

Todos: Enviai o vosso Espírito, Senhor, e da terra toda a face renovai.

Leitor: Enviais o vosso espírito e renascem./E da terra toda face renovais. Que a glória do Senhor perdure sempre,/E alegre-se o Senhor em suas obras.

Leitor: Vou cantar ao Senhor Deus por toda a vida,/ Salmodiar para o meu Deus enquanto existo. / Hoje seja-lhe agradável o meu canto./ Pois o Senhor é a minha grande alegria.

Todos: Enviai o vosso Espírito, Senhor, e da terra toda a face renovai.

---

[32] Ritual da Confirmação, p. 52.
[33] *Ibidem*, p. 67.

Aclamação[34]

Aleluia, Aleluia, Aleluia, Aleluia! (bis)

Vinde, Espírito Divino, e enchei com vossos dons os corações dos fiéis; e acendei neles o amor como um fogo abrasador.

Aleluia, Aleluia, Aleluia, Aleluia! (bis)

Evangelho: Jo 14,23-26[35]

Presidente: O Senhor esteja convosco.

Todos: Ele está no meio de nós.

Presidente: Proclamação do Evangelho de Jesus Cristo segundo João.

Todos: Glória a vós, Senhor!

"Naquele tempo, disse Jesus a seus discípulos: 'Se alguém me ama, guardará a minha Palavra: e meu Pai o amará, nós viremos a ele e faremos nele a nossa morada. Aquele que não me ama não guarda as minhas Palavras. E a Palavra que vós ouvis não é minha, mas do Pai que me enviou. Estas coisas eu vos disse, enquanto permaneço convosco. Mas o Paráclito, o Espírito Santo, que o Pai enviará em meu nome, vos ensinará todas as coisas e vos recordará tudo o que eu disse'." Palavra da Salvação.

Todos: Glória a vós, Senhor!

Apresentação dos crismandos

Após a proclamação do Evangelho, um catequista ou o pároco, dirige-se ao bispo ou ao seu representante com estas palavras:

Catequista ou pároco: Caro Dom..., aqui estão alguns de nossos irmãos e irmãs que desejam receber o sacramento da Confirmação.

Bispo: *Quem são eles?*

Catequista ou pároco: Queiram ficar de pé os crismandos.

Bispo: *Como eles se prepararam para este momento?*

*Um catequista ou o pároco faz uma **breve** memória da preparação, relatando os encontros de catequese, os ritos, retiros, compromissos assumidos, etc.*

---

[34] Ritual da Confirmação, p. 70.
[35] *Ibidem*, p. 79.

CRISMA 2

Bispo: Em nome da Igreja, acolhemos, com alegria, estes crismandos. Deus que os conduziu até aqui, os guie nas estradas da maturidade em Cristo, Nosso Senhor!

Todos: *Amém!*

Pode ser acompanhada de palmas.

Homilia

Breve silêncio.

Rito sacramental

Renovação das promessas batismais[36]

Comentarista. A Crisma é a Confirmação do Batismo. Pelo Batismo participamos da Páscoa de Jesus Cristo. Nesse momento os crismandos e toda a comunidade renovam suas promessas batismais.

Presidente: Meus irmãos e minhas irmãs, pelo mistério pascal, fomos, no Batismo, sepultados com Cristo para vivermos com Ele uma vida nova. Por isso, renovemos as promessas do nosso Batismo, pelas quais já renunciamos ao mal e prometemos servir a Deus em sua Igreja.

Presidente: Para viver na liberdade dos filhos e filhas de Deus, renunciais ao pecado?

Todos: Renuncio!

Presidente: Para viver como irmãos e irmãs, renunciais a tudo o que vos possa desunir, para que o pecado não domine sobre vós?

Todos: Renuncio!

Presidente: Para seguir Jesus Cristo, renunciais ao demônio, autor e princípio do pecado?

Todos: Renuncio!

Presidente: Credes em Deus Pai todo-poderoso, criador do céu e da terra?

Todos: Creio!

Presidente: Credes em Jesus Cristo, seu único Filho, Nosso Senhor, que nasceu da Virgem Maria, padeceu e foi sepultado, ressuscitou dos mortos e subiu ao céu?

Todos: Creio!

---

[36] Ritual da Confirmação, p. 26.

Presidente: Credes no Espírito Santo, Senhor e fonte de vida, que hoje, pelo sacramento da Confirmação, vos é dado de modo especial, como aos apóstolos no Dia de Pentecostes?

Todos: Creio!

Presidente: Credes na santa Igreja Católica, na comunhão dos Santos, na remissão dos pecados, na ressurreição dos mortos e na vida eterna?

Todos: Creio!

Presidente: Esta é a nossa fé, que da Igreja recebemos e sinceramente professamos, razão da nossa alegria em Cristo, Nosso Senhor.

Todos: *Amém!*

Imposição das mãos[37]

O bispo (tendo junto de si os presbíteros concelebrantes), de pé, com as mãos unidas, diz voltado para o povo:

Presidente: Roguemos, irmãos e irmãs, a Deus Pai todo-poderoso que derrame o Espírito Santo sobre estes seus filhos e filhas adotivos, já renascidos no Batismo para a vida eterna, a fim de confirmá-los pela riqueza de seus dons e configurá-los pela unção ao Cristo, Filho de Deus.

Todos rezam em silêncio.

O bispo e os presbíteros concelebrantes impõem as mãos sobre todos os confirmandos, mas só o bispo diz:

Presidente: Deus todo-poderoso, Pai de Nosso Senhor Jesus Cristo, que pela água e pelo Espírito Santo fizestes renascer estes vossos servos e servas, libertando-os do pecado, enviai-lhes o Espírito Santo Paráclito; dai-lhes, Senhor, o espírito de sabedoria e inteligência, o espírito de conselho e fortaleza, o espírito de ciência e piedade e enchei-os do espírito do vosso temor. Por Cristo, Nosso Senhor.

Todos: *Amém!*

Unção crismal

Cada confirmando se aproxima do bispo. O padrinho coloca a mão direita sobre o ombro do afilhado. O próprio confirmando declara seu nome ao bispo.

---

[37] Ritual da Confirmação, p. 28.

Bispo: N., RECEBE, POR ESTE SINAL, O ESPÍRITO SANTO, O DOM DE DEUS.

Crismando: *Amém!*

Bispo: A paz esteja contigo.

Crismando: E contigo também.

Preces da comunidade

Presidente: Meus irmãos e minhas irmãs, roguemos a Deus Pai todo-poderoso e supliquemos:

Todos: Dai-nos, Senhor, o vosso Espírito de amor!

Catequista: Pelos que receberam o dom do Espírito Santo no sacramento da Confirmação, para que, vivendo a fé e praticando a caridade, testemunhem Jesus Cristo com sua vida, rezemos.

Crismado: Pelo Papa, bispos, padres e catequistas, para que o Senhor conceda muita luz para formarem discípulos missionários do Cristo, rezemos.

Padrinho ou madrinha: Pelos familiares e padrinhos dos crismados para que renovem sua fé e colaborem no crescimento de seus filhos e afilhados, rezemos.

Crismado: Por todos nós, pelo mundo e pela nossa comunidade. Que saibamos viver a unidade, vencer as dificuldades e trabalhar pelo bem de todos, rezemos.

Presidente: Ó Pai, ouvi com bondade a nossa oração e derramai no coração de vossos filhos e filhas os dons do Espírito que distribuístes, no início da pregação apostólica. Por Cristo, Nosso Senhor.

Todos: *Amém!*

Liturgia eucarística

Apresentação das oferendas

Canto de ofertas.

Oração sobre as oferendas[38]

Presidente: Senhor, acolhei benigno, em união com vosso Unigênito, estes vossos filhos marcados com sua cruz e a unção espiritual; oferecendo-se sempre a vós com o Cristo, mereçam cada vez mais a efusão abundante do vosso Espírito. Por Cristo, Nosso Senhor.

Todos: *Amém!*

Oração eucarística – prefácio[39]

Presidente: O Senhor esteja convosco.

Todos: Ele está no meio de nós.

Presidente: Corações ao alto.

Todos: O nosso coração está em Deus.

Presidente: Demos graças ao Senhor, nosso Deus.

Todos: É nosso dever e salvação.

Presidente: Na verdade, é digno e justo, é nosso dever e salvação dar-vos graças, sempre e em todo lugar, Senhor, Pai santo, Deus eterno e todo-poderoso, por Cristo, Senhor nosso. No Batismo nos concedeis o dom da nova vida, fazendo-nos participantes do mistério pascal de vosso Filho. Pela imposição das mãos e a unção régia do Crisma, nos confirmais com o selo do Espírito Santo, fazendo-nos participantes das maravilhas de Pentecostes. Ungidos pelo Espírito e alimentados no banquete eucarístico, nós nos tornamos imagens do Cristo Senhor, para anunciar ao mundo a certeza da salvação e dar, na Igreja, o testemunho da fé redentora. Por isso, reunidos em assembleia festiva para celebrar os prodígios de um novo Pentecostes, com os Anjos e os Santos, proclamamos a vossa glória, cantando a uma só voz:

Santo, Santo, Santo! Senhor Deus do universo! O céu e a terra proclamam a vossa glória! Hosana nas alturas! Bendito o que vem! Em nome do Senhor! Hosana nas alturas!

Rito de Comunhão

---

[38] Missal, p. 971.
[39] Missal, p. 485.

Oração após a comunhão[40]

Presidente: Oremos: Senhor, acompanhai sempre com a vossa bênção os que foram ungidos com o Espírito Santo e alimentados com o sacramento do vosso Filho, para que, vencidas todas as dificuldades, alegrem a vossa Igreja com uma vida santa e a façam crescer no mundo por seu amor e suas obras. Por Cristo, Nosso Senhor.

Todos: *Amém!*

Ritos finais

Avisos e agradecimentos

Bênção final[41]

Presidente: O Senhor esteja convosco.

Todos: Ele está no meio de nós.

Presidente: Deus Pai todo-poderoso, que vos fez seus filhos adotivos quando renascestes da água e do Espírito Santo, vos abençoe e vos conserve dignos do seu amor de Pai.

Todos: *Amém!*

Presidente: Jesus Cristo, o Filho Unigênito, que prometeu a perene presença do Espírito da verdade na Igreja, vos abençoe e vos confirme com sua força na profissão da verdadeira fé.

Todos: *Amém!*

Presidente: O Espírito Santo, que acendeu o fogo do amor no coração dos discípulos, vos abençoe e, congregados na unidade, voz conduza, sem tropeço, às alegrias do Reino de Deus.

Todos: *Amém!*

Presidente: E a todos vós, aqui reunidos, abençoe-vos Deus todo-poderoso, Pai, e Filho e Espírito Santo.

Todos: *Amém!*

Canto final

---
[40] Missal, p. 969.
[41] Missal, p. 970.

ADULTOS

ENTRADA NO CATECUMENATO[42]

Este rito pode ser realizado de acordo com a realidade de cada comunidade:
- *na celebração Eucarística;*
- *na celebração da Palavra; e*
- *na comunidade reunida especialmente para esta celebração.*

Observações:
- *A celebração pode ser realizada na porta da igreja ou no presbitério, preferencialmente, após o canto inicial da Missa e antes do Sinal-da-Cruz.*
- *Os candidatos são chamados pelo presidente da celebração e ficam em pé. São indagados e respondem. Em seguida, todos se aproximam para ser assinalados com a cruz nos olhos, nos ouvidos, na boca e nas mãos.*
- *Os catequistas podem ajudar a fazer esse gesto.*
- *Convém, porém, que, ao final, quem preside imponha as mãos sobre cada candidato, garantindo a acolhida do ministro.*

Celebração

Canto de entrada

Sinal-da-Cruz e saudação inicial

Diálogo

Presidente: Querida comunidade, hoje vamos acolher alguns irmãos e irmãs que decidiram conhecer mais Jesus Cristo e participar conosco do caminho de Jesus Cristo. Vamos acolhê-los.

Catequista: Queiram se aproximar os candidatos que serão assinalados com a cruz de Cristo, Nosso Salvador.

---

[42] *Livro do catequista:* Casa da Iniciação Cristã: catequese com adultos – Batismo, Crisma e Eucaristia. São Paulo: Paulinas, 2018. p. 47.

ADULTOS

Presidente: N. (Quem *preside* chama cada um dos candidatos, que respondem):

Candidato: *Eis-me aqui!*

Se o número de candidatos for grande, pode-se ler toda lista de nomes e uma vez apenas todos dizem juntos: ***Eis-me aqui!*** *As demais perguntas podem ser dirigidas a todos ao mesmo tempo:*

Presidente: O que vocês pedem à Igreja de Deus?

Candidato: *A fé em Cristo.*

Presidente: E essa fé, o que lhes dará?

Candidato: *A vida eterna.*

Assinalação da fronte e dos sentidos

Presidente: A vida eterna consiste em conhecermos o verdadeiro Deus e Jesus Cristo, que ele enviou. Ressuscitado dos mortos, Jesus foi constituído por Deus como Senhor da vida e de todas as coisas visíveis e invisíveis. Se vocês querem ser seus discípulos e membros da Igreja, é preciso que sejam instruídos em toda a verdade revelada por ele; que aprendam a ter os mesmos sentimentos de Jesus Cristo e procurem viver segundo o Evangelho, amando a Deus e o próximo como Jesus amou. Vocês estão de acordo com tudo isso?

Candidato: *Estou!*

Voltando-se aos introdutores e/ou catequistas, diz:

Presidente: E vocês que acompanharam esses candidatos nos primeiros passos deste caminho, e vocês que fazem parte desta comunidade de fé, estão dispostos a ajudá-los a encontrar e seguir Jesus Cristo?

Todos: *Estamos!*

Presidente: Pai de bondade, nós vos agradecemos por estes vossos servos e servas, que, de muitos modos, inspirastes e atraístes. Eles vos procuraram, e responderam na presença desta santa assembleia ao chamado que hoje lhes dirigistes. Por isso, Senhor Deus, nós vos louvamos e bendizemos.

Todos: *Bendito seja Deus para sempre!*

ADULTOS

Assinalação da fronte e dos sentidos

Presidente: Irmãos e irmãs, Cristo chamou vocês para serem seus amigos; lembrem-se sempre dele e sejam fiéis em segui-lo! Para isso, vou marcar vocês com o Sinal-da-Cruz de Cristo, que é o sinal dos cristãos. Esse sinal vai fazer, daqui em diante, com que vocês se lembrem de Cristo e de seu amor por vocês.

Traça a cruz na fronte de cada candidato. Se forem muitos, pode-se pedir que os catequistas auxiliem nesse rito:

Presidente: Recebe na fronte o Sinal-da-Cruz. O próprio Cristo te proteja com o sinal do seu amor. Aprende a conhecê-lo e a segui-lo.

Enquanto assinala os ouvidos:

Presidente: Recebe o Sinal-da-Cruz sobre os ouvidos, para escutar a voz do Senhor.

Enquanto assinala os olhos:

Presidente: Recebe o Sinal-da-Cruz sobre os olhos, para ver a glória de Deus.

Enquanto assinala a boca:

Presidente: Recebe o Sinal-da-Cruz sobre a boca, para responder à Palavra de Deus.

Enquanto assinala o peito:

Presidente: Recebe o Sinal-da-Cruz no peito, para que Cristo habite em seu coração.

Enquanto assinala os ombros:

Presidente: Recebe o Sinal-da-Cruz nos ombros, para carregar o jugo suave de Cristo.

Presidente: *Dirige-se a todos dizendo:* Eu marco vocês com o Sinal-da-Cruz. Em nome do Pai, e do Filho e do Espírito Santo, para que vocês tenham vida eterna.

Todos: *Amém!*

Pode-se cantar: **Glória a ti, Senhor, toda graça e louvor.**

Oração conclusiva

Presidente: Oremos. Deus todo-poderoso, que pela cruz e ressurreição de vosso Filho destes vida ao vosso povo, concedei que estes vossos servos e servas, marcados com o Sinal-da-Cruz, seguindo os passos de Cristo, conservem em sua vida a graça da vitória da cruz e a manifestem por palavras e gestos. Por Cristo, Nosso Senhor.

Todos: *Amém!*

Presidente: Irmãos e irmãs, participem conosco na Mesa da Palavra de Deus!

Segue o hino de glória se estiver previsto, a oração do dia e a liturgia da Palavra.

Entrega da Palavra de Deus

Após a homilia, quem preside entrega a Bíblia aos catecúmenos ou catequizandos. Durante a homilia, quem preside faz alocução sobre a dignidade da Palavra de Deus e o sentido de receber não apenas um livro, mas a própria Palavra de Deus contida nas Escrituras. Elas nos revelam o Cristo como Senhor.

Catequista: Queiram se aproximar os que vão receber a Palavra de Deus.

Quem preside entrega para cada um dos candidatos uma Bíblia dizendo:

Presidente: Recebe o livro da Palavra de Deus. Que ela seja luz para tua vida.

Quem recebe beija o livro e diz: ***Amém!***

*Se estiver previsto, recita-se o **Creio**.*

Preces da comunidade

Presidente: Oremos por nossos irmãos e irmãs. Eles já fizeram um percurso. Agradeçamos pela bondade de Deus que os conduziu a este dia e peçamos que possam percorrer o grande caminho que ainda falta para participarem plenamente de nossa vida em Cristo.

Leitor: Senhor, que a proclamação e a escuta da vossa Palavra revele a esses irmãos e irmãs Jesus Cristo, vosso Filho. Pedimos:

Todos: *Senhor, atendei à nossa prece!*

Leitor: Inspirai, Senhor, esses candidatos, para que, com generosidade e disponibilidade, acolham vossa vontade. Pedimos:

Todos: *Senhor, atendei à nossa prece!*

Leitor: Senhor, sustentai, com o auxílio sincero e constante dos catequistas, a caminhada destes vossos servos. Pedimos:

Todos: *Senhor, atendei à nossa prece!*

Leitor: Fazei, Senhor, que a nossa comunidade unida na oração e na prática da caridade seja exemplo de vida para estes irmãos que iniciam seu caminho. Pedimos:

Todos: *Senhor, atendei à nossa prece!*

Os catecúmenos e os catequizandos se dirigem à frente e se ajoelham diante de quem preside. Esse, com as mãos estendidas sobre os candidatos, diz a seguinte oração:

Presidente: Deus eterno e todo-poderoso, sois o Pai de todos e criastes o homem e a mulher à vossa imagem. Acolhei com amor estes nossos irmãos e irmãs e concedei que eles, renovados pela força da Palavra de Cristo, que ouviram nesta assembleia, cheguem pela vossa graça à plena conformidade com vosso Filho Jesus, que vive e reina para sempre.

Todos: *Amém!*

Segue a liturgia eucarística ou a bênção final (caso não haja missa). Após a celebração, os candidatos, juntamente com os catequistas e outros membros da comunidade, permaneçam juntos, para partilhar as alegrias e confraternizar.

ADULTOS

ENTREGA DO PAI-NOSSO AOS ADULTOS[43]

Preparar

Cartões com a oração do Pai-Nosso.

Antes de convidar para rezar o Pai-Nosso.

Catequista: Aproximem-se os que irão receber da Igreja a oração que o Senhor Jesus nos ensinou: o Pai-Nosso.

Os catequizandos colocam-se de pé, voltados ao altar.

Presidente: Meus irmãos e minhas irmãs, vocês vão receber e rezar com a comunidade a oração do Pai-Nosso. Que essa oração seja fonte de intimidade com o Pai de Jesus. Desde os tempos antigos, no Batismo e na Confirmação, a entrega da "Oração do Senhor" significa um novo nascimento para a vida divina. Mesmo que vocês já saibam rezá-la, procurem viver cada palavra dessa oração.

Quem preside entrega o Pai-Nosso aos catequizandos.

Presidente: Obedientes à Palavra do Salvador e guiados pelo seu divino ensinamento, ousamos dizer:

Todos: Pai-Nosso...

No final do Pai-Nosso, os catequizandos permanecem diante do altar, até o abraço da paz.

Presidente: Livrai-nos de todos os males, ó Pai...

Todos: Vosso é o Reino, o poder e a glória para sempre.

Presidente: Senhor Jesus Cristo, que dissestes aos vossos apóstolos...

Todos: *Amém!*

Presidente: A paz do Senhor esteja sempre convosco.

Todos: O amor de Cristo nos uniu.

---

[43] *Livro do catequista:* Casa da Iniciação Cristã: Catequese com Adultos – Batismo, Crisma e Eucaristia. São Paulo: Paulinas, 2018. p. 124.

ADULTOS

Abraço da Paz

Após a saudação da paz, todos voltam aos seus lugares e se prossegue a celebração como de costume.

ADULTOS

ENTREGA DO CREIO AOS ADULTOS[44]

Preparar
Cartões com a oração do Creio.

Durante a homilia
Quem preside explica o sentido de receber o Creio:
O Creio é chamado de "Símbolo dos Apóstolos" porque se considera o resumo fiel da fé dos apóstolos que nos foi transmitido.[45] É um sinal de identificação e de comunhão entre os crentes. *Symbolo* também significa resumo, coletânea ou sumário. O símbolo da fé é o sumário das principais verdades da fé.[46] Este rito, vivenciado nos primeiros séculos do Cristianismo, é muito importante dentro do processo de Iniciação à Vida Cristã, pois recorda as maravilhas realizadas por Deus para a salvação da humanidade.[47]

Após a homilia
Catequista: Aproximem-se os que irão receber da Igreja o Creio, símbolo de nossa fé.
Os catequizandos colocam-se em pé, voltados para o altar.
Presidente: Queridos irmãos e irmãs, vocês ouvirão, agora, as palavras do Creio, resumo de toda a nossa fé, pela qual seremos salvos. São poucas palavras, mas contêm grande mistério de salvação. Hoje, vocês apenas ouvirão estas palavras. Quem ouve, crê e proclama. Quem proclama é porque ouve e crê. Recebam e guardem essas palavras com pureza de coração. Hoje, vocês apenas escutem a oração que nossa comunidade rezará.
Em seguida, quem preside convida os catequizandos para se voltarem em direção à assembleia e exorta a comunidade:

---

[44] *Livro do catequista:* Casa da Iniciação Cristã: catequese com adultos – Batismo, Crisma e Eucaristia. São Paulo: Paulinas, 2018. p. 157.
[45] Catecismo da Igreja Católica, 194.
[46] *Ibidem,* 188.
[47] RICA, n. 25.

Presidente: A fé entra pelos ouvidos, nos diz São Paulo. Nós que já recebemos os sacramentos da Iniciação à Vida Cristã, temos a missão de testemunhar nossa fé por palavras e obras. Diante destes catequizandos, professemos com alegria e entusiasmo o Creio.

Assembleia: Creio...

Presidente: Vocês ouviram estas belas palavras de fé da comunidade. Recebam e guardem essas palavras com pureza de coração.

Quem preside a celebração (ou duas ou mais pessoas referenciais da comunidade) entrega o cartão com a oração do Creio aos catequizandos.

Canto: Creio Senhor, mas aumentai a minha fé!

Terminada a entrega, os catequizandos se ajoelham, voltados ao altar, e quem preside a celebração reza:

Presidente: Senhor, fonte de luz e de vida, imploramos o vosso amor de Pai em favor destes vossos servos. Purificai-os e santificai-os. Dai-lhes conhecer a verdade, a firme esperança e a santa doutrina, para que se tornem dignos da graça do Batismo que já receberam. Por Cristo, Nosso Senhor.

Todos: *Amém!*

No final, os catequizandos levantam-se e voltam aos seus lugares. A celebração prossegue com as preces da comunidade.

ADULTOS

RITO DE ELEIÇÃO E INSCRIÇÃO DO NOME[48]

Preparar

Cartão com o nome de cada candidato a ser entregue para os padrinhos no início da celebração.

Bandeja ou prato para os cartões serem depositados durante o rito.

Após a homilia, antes do Creio, ocorre este rito:

Catequista: Padre **N.** ou Ministro **N.** aproximando-se as solenidades pascais, os catecúmenos e os catequizandos aqui presentes, confiantes na graça divina e ajudados pela oração e o exemplo da comunidade, pedem, humildemente, que, depois da preparação necessária e da celebração dos escrutínios, lhes seja permitido participar da celebração dos sacramentos.

Presidente: Aproximem-se, com seus padrinhos e madrinhas, os que vão ser eleitos.

Os candidatos, com seus padrinhos e madrinhas, se aproximam do presbitério.

Os candidatos se aproximam.

Presidente: A santa Igreja deseja certificar-se de que estes catecúmenos e catequizandos estão em condições de ser admitidos para a celebração das próximas solenidades pascais.

Dirigindo-se aos padrinhos diz:

Presidente: Peço, por isso, a vocês, padrinhos e madrinhas, que deem testemunho a respeito da conduta destes candidatos: ouviram eles fielmente a Palavra de Deus anunciada pela Igreja?

Padrinhos: *Ouviram!*

Presidente: Estão vivendo na presença de Deus, de acordo com o que lhes foi ensinado?

Padrinhos: *Estão!*

---

[48] *Livro do catequista:* Casa da Iniciação Cristã: catequese com adultos – Batismo, Crisma e Eucaristia. São Paulo: Paulinas, 2018. Cf. p. 191.

Presidente: Eles têm participado da vida e da oração da comunidade?

Padrinhos: *Têm participado!*

Exame e petição dos candidatos

Quem preside exorta e interroga os candidatos.

Presidente: Agora me dirijo a vocês, prezados catecúmenos e catequizandos. Seus padrinhos e catequistas e muitos da comunidade deram testemunho favorável a respeito de vocês. Confiando em seu parecer, a Igreja, em nome de Cristo, chama-os para os sacramentos pascais. Vocês, tendo ouvido a voz de Cristo, devem agora lhe responder perante a Igreja, manifestando sua intenção. Catecúmenos e catequizandos, vocês querem receber os sacramentos na próxima vigília pascal ou na próxima Missa do Tempo Pascal?

Candidatos: *Queremos!*

Presidente: Querem prosseguir fiéis à santa Igreja, continuando a frequentar a catequese, participando da vida da comunidade?

Candidatos: *Queremos!*

Presidente: São estes os nomes dos que foram eleitos.

Cada padrinho entrega o cartão com o nome de seu afilhado, entregando-o para quem preside a celebração. Esse colocará o cartão sobre uma bandeja diante do altar.

Durante a entrega dos cartões, pode-se cantar o seguinte refrão, ou outro conhecido da comunidade:

Senhor, tu me olhaste nos olhos, a sorrir, pronunciaste meu nome, lá na praia, eu larguei o meu barco, junto a Ti buscarei outro mar...

Admissão e eleição

Presidente: Caros irmãos e irmãs, eu os declaro eleitos para completarem a iniciação ou serem iniciados nos sagrados mistérios.

Candidatos: *Graças a Deus!*

Presidente: Deus é sempre fiel ao seu chamado e nunca lhes negará sua ajuda. Vocês devem se esforçar para ser fiéis a Ele e realizar plenamente o significado desta eleição.

Dirigindo-se aos padrinhos, exorta-os com estas ou com palavras semelhantes:

Presidente: Estes candidatos de quem vocês deram testemunho foram confiados a vocês no Senhor. Acompanhem-nos com o auxílio e o exemplo fraternos até os sacramentos da vida divina.

Oração pelos eleitos

Presidente: Queridos irmãos e irmãs, preparando-nos para celebrar os mistérios da paixão e ressurreição de Cristo, iniciamos, hoje, os exercícios quaresmais. Os eleitos que conduzimos conosco aos sacramentos pascais esperam de nós um exemplo de conversão. Roguemos ao Senhor por eles e por nós, a fim de que nos animemos por nossa mútua renovação e sejamos dignos das graças pascais. A cada invocação respondemos: **Nós vos rogamos, Senhor!**

1 – Nos vos rogamos, Senhor, que por vossa graça estes eleitos encontrem alegria na sua oração cotidiana e a vivam cada vez mais em união convosco. Rezemos.

2 – Alegrem-se de ler a Palavra e meditá-la em seu coração. Rezemos.

3 – Reconheçam humildemente seus defeitos e comecem a corrigi-los com firmeza. Rezemos.

4 – Transformem o trabalho cotidiano em oferenda que lhes seja agradável. Rezemos.

5 – Tenham sempre alguma coisa a oferecer em cada dia da Quaresma. Rezemos.

6 – Acostumem-se a amar e cultivar a virtude e a santidade de vida. Rezemos.

7 – Renunciando a si mesmos, busquem mais o bem do próximo do que seu próprio bem. Rezemos.

ADULTOS

8 – Partilhem com os outros a alegria que lhes foi dada pela fé. Rezemos.

9 – Com bondade, que Cristo guarde e abençõe suas famílias. Rezemos.

Presidente: Pai amado e todo-poderoso, vós quereis restaurar todas as coisas no Cristo e atraís toda a humanidade para Ele. Guiai estes eleitos da vossa Igreja e concedei que, fiéis à sua vocação, possam integrar-se no Reino de vosso amado Filho e ser assinalados com o dom do Espírito Santo. Por Cristo, Nosso Senhor.

Segue o Creio, e prossegue a celebração como de costume.

ADULTOS

PRIMEIRO ESCRUTÍNIO[49]
3º Domingo da Quaresma

Quando se se celebra este rito, usam-se, sempre, as leituras e a Missa do 3º domingo da Quaresma do ano A.

A celebração segue normalmente até a homilia.

Após a homilia, um catequista chama os candidatos.

Catequista: Aproximem-se os que estão se preparando para os sacramentos pascais.

Os eleitos, com seus padrinhos e madrinhas, põem-se de pé, diante de quem preside.

Presidente: Irmãos e irmãs, rezemos em silêncio pelos eleitos, implorando o espírito de penitência, a consciência do pecado e a verdadeira liberdade dos filhos de Deus.

Breve pausa.

Voltando-se aos eleitos:

Presidente: Queridos eleitos, manifestem sua atitude de penitência ajoelhando ou inclinando o corpo para a oração.

Todos rezam um momento em silêncio e, depois, podem erguer-se.

Preces

Catequista: Pedimos aos padrinhos que coloquem a mão direita sobre o ombro de seu afilhado.

Presidente: Oremos por estes eleitos que a Igreja confiadamente escolheu após uma longa caminhada, para que, concluída sua preparação, nestas festas pascais, encontrem o Cristo nos seus sacramentos. A cada invocação rezaremos: **Senhor, escutai a nossa prece!**

---

[49] *Livro do catequista:* Casa da Iniciação Cristã: catequese com adultos – Batismo, Crisma e Eucaristia. São Paulo: Paulinas, 2018. p. 191.

ADULTOS

1 – Para que estes eleitos, a exemplo da samaritana, façam a experiência do encontro e do diálogo com Cristo e reconheçam os próprios pecados, roguemos ao Senhor.

2 – Para que sejam libertados do espírito de descrença que afasta a humanidade do caminho de Cristo, roguemos ao Senhor.

3 – Para que, à espera do dom de Deus, cresça neles o desejo pela água viva que jorra para a vida eterna, roguemos ao Senhor.

4 – Para que, aceitando como mestre o Filho de Deus, sejam verdadeiros adoradores do Pai, em espírito e em verdade, roguemos ao Senhor.

5 – Para que, tendo experimentado o maravilhoso encontro com Cristo, possam transmitir aos amigos e concidadãos sua mensagem de alegria, roguemos ao Senhor.

6 – Para que todos os que sofrem no mundo pela pobreza e pela falta da Palavra de Deus, tenham vida em plenitude prometida pelo Evangelho de Cristo, roguemos ao Senhor.

7 – Para que todos nós, acolhendo o ensinamento de Cristo e aceitando a vontade do Pai, possamos realizar, amorosamente, a sua obra, roguemos ao Senhor.

Exorcismo

De mãos unidas e voltado aos eleitos, quem preside diz:

Presidente: Oremos. Pai de misericórdia, por vosso Filho vos compadecestes da samaritana e, com a mesma ternura paterna, oferecestes a salvação a todo pecador, olhai com vosso amor estes eleitos que desejam receber, pelos sacramentos, a adoção de filhos e o dom do Espírito. Que eles, livres da servidão do pecado e do pesado jugo do demônio, recebam o suave jugo de Cristo. Protegei-os em todos os perigos, a fim de que vos sirvam fielmente na paz e na alegria e vos rendam graças para sempre. Por Cristo, Nosso Senhor.

Todos: *Amém!*

Quem preside impõe a mão sobre a cabeça de cada eleito, rezando por ele em silêncio, depois, com as mãos estendidas, reza:

ADULTOS

Presidente: Senhor Jesus, que em vossa admirável misericórdia convertestes a samaritana, para que adorasse o Pai em espírito e verdade, libertai agora das ciladas do demônio estes eleitos que se aproximam das fontes da água viva do Batismo, ou que já receberam essa água; convertei seu coração pela força do Espírito Santo, a fim de conhecerem o vosso Pai pela fé sincera que se manifesta na caridade. Vós que viveis e reinais para sempre.

Todos: *Amém!*

Todos voltam aos seus lugares, e a celebração continua normalmente.

ADULTOS

SEGUNDO ESCRUTÍNIO[50]
4º Domingo da Quaresma

Quando se celebra este rito, usam-se sempre as leituras e a Missa do 4º domingo do Ano A da Quaresma.

A celebração segue normalmente até a homilia.

Após a homilia, um catequista chama os candidatos.

Catequista: Aproximem-se os que estão se preparando para os sacramentos pascais.

Os eleitos, com seus padrinhos e madrinhas, põem-se de pé, diante de quem preside.

Presidente: Irmãos e irmãs, rezemos em silêncio pelos eleitos, implorando o espírito de penitência, a consciência do pecado e a verdadeira liberdade dos filhos de Deus.

Breve pausa.

Voltando-se aos eleitos:

Presidente: Queridos eleitos, manifestem sua atitude de penitência ajoelhando ou inclinando o corpo para a oração.

Todos rezam em silêncio e, depois, podem erguer-se.

Preces

Catequista: Pedimos aos padrinhos que coloquem a mão direita sobre o ombro de seu afilhado.

Presidente: Rezemos, irmãos e irmãs, por estes eleitos chamados por Deus para que, permanecendo nele, deem, por meio de uma vida santa, testemunho do Evangelho. A cada invocação rezemos: **Senhor, atendei à nossa prece.**

---
[50] *Livro do catequista:* Casa da Iniciação Cristã: catequese com adultos – Batismo, Crisma e Eucaristia. São Paulo: Paulinas, 2018. p. 214.

1 – Para que Deus dissipe as trevas, e que sua luz brilhe no coração destes eleitos, roguemos ao Senhor.

2 – Para que o Pai conduza esses eleitos a Cristo, luz do mundo, roguemos ao Senhor.

3 – Para que Deus abra o coração desses eleitos, e que eles proclamem a sua fé no Senhor da luz e fonte da verdade, roguemos ao Senhor.

4 – Para que Deus preserve esses eleitos da incredulidade deste mundo, roguemos ao Senhor.

5 – Para que, salvos por aquele que tira o pecado do mundo, sejam libertados do contágio e da influência do mal, roguemos ao Senhor.

6 – Para que iluminados pelo Espírito Santo, sempre, proclamem e comuniquem aos outros o Evangelho da salvação, roguemos ao Senhor.

7 – Para que todos nós, pelo exemplo de nossa vida, sejamos em Cristo, luz do mundo, roguemos ao Senhor.

8 – Para que o mundo inteiro conheça o verdadeiro Deus, Criador de todos, que dá aos seres humanos o espírito e a vida, roguemos ao Senhor.

Exorcismo

De mãos unidas e voltado aos eleitos, quem preside diz:

Presidente: Oremos. Pai de bondade, que destes ao cego de nascença a graça de crer em vosso Filho e de alcançar pela fé o vosso reino de luz, libertai estes eleitos dos erros que cegam e concedei-lhes, de olhos fixos na verdade, tornarem-se para sempre filhos da luz. Por Cristo, Nosso Senhor.

Todos: *Amém!*

Quem preside impõe a mão sobre a cabeça de cada eleito, rezando por ele em silêncio; depois, com as mãos estendidas, reza:

ADULTOS

Presidente: Senhor Jesus, luz verdadeira, que iluminais toda a humanidade, libertai pelo Espírito de verdade os que se encontram oprimidos pelo pai da mentira e despertai a boa vontade dos que chamastes aos vossos sacramentos, para que, na alegria da vossa luz, tornem-se, como o cego outrora iluminado, audazes testemunhas da fé. Vós que viveis e reinais para sempre.

Todos: *Amém!*

Todos voltam aos seus lugares, e a celebração continua normalmente.

ADULTOS

TERCEIRO ESCRUTÍNIO[51]
5º Domingo da Quaresma

Quando se celebra este rito, usam-se sempre as leituras e a Missa do 5º domingo do Ano A da Quaresma.

A celebração segue normalmente até a homilia.

Após a homilia, um catequista chama os candidatos.

Catequista: Aproximem-se os que estão se preparando para os sacramentos pascais.

Os eleitos, com seus padrinhos e madrinhas, põem-se de pé, diante de quem preside.

Presidente: Irmãos e irmãs, rezemos em silêncio pelos eleitos, implorando o espírito de penitência, a consciência do pecado e a verdadeira liberdade dos filhos de Deus.

Breve pausa. Voltando-se aos eleitos, diz:

Presidente: Queridos eleitos, manifestem sua atitude de penitência ajoelhando ou inclinando o corpo para a oração.

Todos rezam um momento em silêncio e, depois, podem erguer-se.

Preces

Catequista: Pedimos aos padrinhos que coloquem a mão direita sobre o ombro de seu afilhado.

Presidente: Oremos, irmãos e irmãs, por estes escolhidos de Deus, para que, participando da morte e ressurreição de Cristo, possam superar, pela graça dos sacramentos, o pecado e a morte. A cada invocação rezemos: **Senhor, atendei à nossa prece.**

1 – Para que estes eleitos recebam o dom da fé, pela qual proclamem que o Cristo é a ressurreição e a vida, roguemos ao Senhor.

2 – Para que livres de seus pecados, deem frutos de santidade para a vida eterna, roguemos ao Senhor.

---

[51] *Livro do catequista:* Casa da Iniciação Cristã: catequese com adultos – Batismo, Crisma e Eucaristia. São Paulo: Paulinas, 2018. p. 225.

3 – Para que, rompidos, pela penitência, os laços do demônio, se tornem semelhantes ao Cristo e, mortos para o pecado, vivam sempre para Deus, roguemos ao Senhor.

4 – Para que, na esperança do Espírito vivificante, se disponham corajosamente a renovar sua vida, roguemos ao Senhor.

5 – Para que se unam ao próprio autor da vida e da ressurreição pelo alimento eucarístico que vão receber em breve, roguemos ao Senhor.

6 – Para que todos nós, vivendo uma vida nova, manifestemos ao mudo o poder da ressurreição de Cristo, roguemos ao Senhor.

7 – Para que todos os habitantes da terra encontrem o Cristo e saibam que só ele possui as promessas da vida eterna, roguemos ao Senhor.

Exorcismo

De mãos unidas e voltado aos eleitos, quem preside diz:

Presidente: Oremos. Deus Pai, fonte de vida, vossa glória está na vida feliz dos seres humanos, e o vosso poder se revela na ressurreição dos mortos. Arrancai da morte os que escolhestes e desejam receber a vida pelo Batismo. Livrai-os da escravidão do demônio, que pelo pecado deu origem à morte e quis corromper o mundo que criastes bom. Submetei-os ao poder do vosso Filho amado, para receberem dele a força da ressurreição e testemunharem, diante de todos, a vossa glória. Por Cristo, Nosso Senhor.

Todos: *Amém!*

Quem preside impõe a mão sobre a cabeça de cada eleito, rezando em silêncio; depois, com as mãos estendidas, reza:

Presidente: Senhor Jesus Cristo que, ordenastes a Lázaro sair vivo do túmulo e pela vossa ressurreição libertastes da morte toda a humanidade, nós vos imploramos em favor de vossos servos e servas, que acorrem às águas do novo nascimento e à ceia da vida, não permitais que o poder da morte retenha aqueles que, por sua fé, participarão da vitória de vossa ressurreição. Vós que viveis e reinais para sempre.

Todos: *Amém!*

Todos voltam aos seus lugares, e a celebração continua normalmente.

ADULTOS

CELEBRAÇÃO PENITENCIAL[52]

Preparar

Texto bíblico: Lucas 15,11-24.

Distribuir a proclamação do Evangelho entre alguns leitores: narrador, leitor 1, leitor 2 e leitor 3.

Crucifixo em lugar de destaque.

Os catecúmenos participam desta celebração sem, obviamente, se confessarem.

Ritos iniciais

Comentarista: Sejam todos bem-vindos para a celebração da Reconciliação. O Evangelho de Jesus possibilita encher o coração de paz para quem o coloca em prática. Por isso, hoje, queremos dirigir o nosso olhar ao Pai, confessando os nossos pecados e invocando o perdão divino. Iniciemos este encontro acolhendo a cruz de Jesus, cantando.

Coloca-se a cruz em destaque. Durante a procissão, pode-se entoar um canto sobre a cruz ou o perdão.

Presidente: A graça, a misericórdia e a paz de Deus Pai e de Jesus Cristo, Nosso Salvador, estejam convosco.

Todos: Bendito seja Deus que nos reuniu no amor de Cristo.

Presidente: Oremos em silêncio ao nosso Deus, que é rico em bondade e não se cansa de nos perdoar.

Silêncio.

Presidente: Ó Pai de amor, voltai vosso olhar para nós, que nos reconhecemos pecadores. Acolhei-nos no caminho de volta e ensinai-nos a viver segundo o ensinamento de Jesus Cristo, vosso Filho e nosso irmão, que vive e reina na unidade do Espírito Santo.

Todos: *Amém!*

---

[52] *Livro do catequista:* Casa da Iniciação Cristã: catequese com adultos – Batismo, Crisma e Eucaristia. São Paulo: Paulinas, 2018. p. 228.

ADULTOS

Liturgia da Palavra

Catequista: Acolhamos a Palavra de Deus que, mais uma vez, nos convida para voltarmos à Casa do Pai. Sejamos abertos ao que Deus nos falará. Cantemos aclamando.

Canto de aclamação à escolha da comunidade.

Evangelho: Lucas 15,11-32.

Presidente: O Senhor esteja convosco.

Todos: Ele está no meio de nós.

Presidente: Proclamação do Evangelho de Jesus Cristo segundo São Lucas.

Todos: Glória a vós, Senhor!

Narrador: Naquele tempo, Jesus contou uma parábola: Um homem tinha dois filhos. O filho mais novo disse ao pai:

Leitor 1: *"Pai, me dá a parte da herança que me cabe."*

Narrador: O pai dividiu os bens entre os filhos. Poucos dias depois, o filho mais novo juntou o que era seu e partiu para um lugar distante. Ali esbanjou tudo em uma vida desenfreada. Quando tinha esbanjado tudo o que possuía, chegou uma grande fome àquela região, e ele começou a passar necessidade. Então, foi pedir trabalho a um homem do lugar, que o mandou para seu sítio cuidar dos porcos. O jovem queria matar a fome com a comida que os porcos comiam, mas nem isto lhe davam. Então caiu em si e disse:

Leitor 1: *"Quantos empregados do meu pai têm pão com fartura, e eu aqui, morrendo de fome. Vou voltar para meu pai e dizer-lhe: Pai, pequei contra Deus e contra ti; já não mereço ser chamado teu filho. Trata-me como a um dos teus empregados."*

Narrador: Então ele partiu e voltou para seu pai. Quando ainda estava longe, seu pai o avistou e foi tomado de compaixão. Correu ao seu encontro, abraçou-o e o cobriu de beijos. O filho, então, lhe disse:

Leitor 1: *"Pai, pequei contra Deus e contra ti. Já não mereço ser chamado teu filho."*

Narrador: Mas o pai disse aos empregados:

Presidente: *"Trazei depressa a melhor túnica para vestir meu filho. Colocai-lhe um anel no dedo e sandálias nos pés. Trazei um novilho gordo e matai-o, para comermos e festejarmos, pois este meu filho estava morto e tornou a viver; estava perdido e foi encontrado."*

Narrador: E começaram a festa. O filho mais velho estava no campo. Ao voltar, já perto de casa, ouviu música e barulho de dança. Então, chamou um dos criados e perguntou o que estava acontecendo. Ele respondeu:

Leitor 2: *"É teu irmão que voltou. Teu pai matou o novilho gordo, porque recuperou seu filho são e salvo."*

Narrador: Mas o filho mais velho ficou com raiva e não queria entrar. O pai, saindo, insistiu com ele, porém ele respondeu ao pai:

Leitor 3: *"Eu trabalho para ti há tantos anos, jamais desobedeci a qualquer ordem tua, e nunca me deste um cabrito para eu festejar com meus amigos. Mas quando chegou esse teu filho, que esbanjou teus bens com as prostitutas, matas para ele o novilho gordo."*

Narrador: Então, o pai lhe disse:

Presidente: *"Filho, tu estás sempre comigo, e tudo o que é meu é teu. Mas era preciso festejar e alegrar-nos, porque este teu irmão estava morto e tornou a viver, estava perdido e foi encontrado."*

Presidente: Palavra da Salvação.

Todos: Glória a vós, Senhor!

Exame de consciência

Presidente: Fixemos nossa atenção no pedido do filho mais novo, e nos questionemos:

- Quantas vezes nossos sonhos são egoístas e nos levam para longe de Deus, da família, dos amigos?
- Quantas vezes queremos heranças, queremos o que achamos que é de nosso direito? Esquecemo-nos de quem está atrás de nós?
- Quantos bens dissipados na busca de falsos amigos, de alegria provisória, de festas cínicas e de felicidade comprada?

ADULTOS

- Quanto consumismo, materialismo e indiferença pela família e pelos outros?
- Pense em todas as vezes em que você se afastou de Deus e das pessoas em razão de desejos e sonhos que o fecharam num mundo irreal. Apresente a Deus seu arrependimento.

Breve silêncio e, em seguida, entoar um refrão de canto penitencial.

Presidente: Fixemos, agora, nossa atenção sobre a miséria do filho mais novo e nos questionemos. No caminho da vida, há amigos comprados, companhias falsas, mas nós, muitas vezes, traímos amigos, familiares e até Deus.

1. Quanta gente já o abandonou?
2. Quantas pessoas você já abandonou?
3. Às vezes, é preciso cair na lama para perceber que Deus nunca nos abandona e que jamais nos trata com apatia ou indiferença.
4. Há momentos em que nem ousamos ser chamados de filhos de Deus, pois esquecemos ou abandonamos o Pai.
5. É preciso coragem para não ficar no chiqueiro.
6. É preciso levantar-se, ousar voltar.
7. A confissão é o sacramento da Volta.

Breve silêncio e, em seguida, entoar um refrão de canto penitencial.

Presidente: Observemos as atitudes do filho mais velho, revoltado com o pai que perdoa e acolhe o filho pecador. Numa palavra: está perto dos olhos, mas longe do coração.

1. Como tratamos aqueles que voltam à comunidade depois de uma vida perdida? Como acolhemos os outros?
2. Como está nossa relação com a sociedade, com a vida na cidade, no País e no mundo?
3. Como cuido deste planeta Terra? É preciso cuidar da vida, tomar consciência dos pecados contra a natureza, o desprezo pela vida no Planeta, os abortos e a falta de cuidado com os outros.
4. Repassando sua vida, quais são os pecados que o fazem ir longe do Pai?

5. Cada um se coloque nas mãos de Deus.

6. Reflita sobre os pecados, omissões e faltas que lhe pesam na consciência, arrependa-se e confesse os seus pecados, para voltar à Casa do Pai.

Breve silêncio e, em seguida, entoar um refrão de canto penitencial.

Reconciliação

Presidente: Irmãos e irmãs, ajoelhados, confessemos nossos pecados e oremos uns pelos outros para conseguir a salvação. E contemplando a cruz do Senhor, rezemos:

Quem puder, coloque-se de joelhos.

Todos: *Confesso a Deus todo-poderoso e a vós, irmãos e irmãs, que pequei muitas vezes por pensamentos e palavras, atos e omissões:* (batendo no peito) *por minha culpa, minha culpa, minha tão grande culpa. E peço à Virgem Maria, aos anjos e santos e a vós, irmãos e irmãs, que rogueis por mim a Deus, Nosso Senhor.*

Presidente: Roguemos agora a Deus, nosso Pai, com as mesmas palavras que Cristo nos ensinou, a fim de que perdoe nossos pecados e nos livre de todo mal:

Pai-Nosso...

Em pé.

Presidente: Senhor Deus, mostrai-vos bondoso para com vossos filhos e filhas, pois se reconhecem pecadores diante da Igreja; que ela os liberte de todo pecado e possa, de coração puro, render-vos graças. Por Cristo, Nosso Senhor.

Todos: *Amém!*

Confissão e absolvição individuais

Para aqueles que já foram batizados.

Comentarista: Somos convidados a nos aproximar do sacerdote, confessar os pecados, acolher as palavras do confessor e receber a penitência para sermos absolvidos.

Após a confissão, todos aguardam para a Ação de Graças.

Ação de graças

Presidente: Com o hino da alegria da Virgem Maria, que inspira o canto de todos que foram perdoados, agradeçamos ao Senhor onipotente que estende sua misericórdia de geração em geração:

Todos: *Minha alma glorifica o Senhor, / e o meu espírito exulta em Deus, meu Salvador, / porque olhou para a humilhação de sua serva. / De hoje em diante, todas as gerações me chamarão bem-aventurada, / pois o Todo-Poderoso fez em mim maravilhas. / Santo é o seu nome, / seu amor se estende de geração em geração / sobre aqueles que o temem. / Manifesta o poder do seu braço, / dispersa os orgulhosos, / derruba os poderosos de seus tronos / e exalta os humildes. / Sacia de bens os famintos, / despede os ricos sem nada. / Acolhe Israel, seu servidor, fiel ao seu amor, / como havia prometido aos nossos pais, / em favor de Abraão e de seus filhos para sempre.*

Presidente: Glória ao Pai, ao Filho e ao Espírito Santo.

Todos: *Como era no princípio, agora e sempre. Amém!*

Ritos finais

Presidente: Pai santo, que nos transformastes à imagem de vosso Filho, concedei-nos alcançar vossa misericórdia e ser, no mundo, um sinal de vosso amor. Por Cristo, Nosso Senhor.

Todos: *Amém!*

Presidente: O Senhor vos conduza segundo o amor de Deus e a paciência de Cristo.

Todos: *Amém!*

Presidente: Para que possais caminhar na vida nova e agradar a Deus em todas as coisas.

Todos: *Amém!*

Presidente: E desça sobre todos a bênção do Deus: Pai, e Filho e Espírito Santo.

Todos: *Amém!*

Presidente: Como há festa no céu por um pecador que se converte, haja alegria no vosso coração e na vossa casa. Ide em paz, e que o Senhor vos acompanhe.

Todos: *Demos graças a Deus!*

CELEBRAÇÃO DOS SACRAMENTOS DO BATISMO, DA CRISMA E DA EUCARISTIA DOS CATECÚMENOS[53]
NA VIGÍLIA PASCAL

Deve ser realizada somente com adultos que não receberam o Batismo. Na celebração, eles receberão os três sacramentos da Iniciação à Vida Cristã.

O RICA sugere: "O presbítero que, na ausência do bispo, batiza adulto ou criança em idade de catecismo, também confere a Confirmação, exceto se este sacramento deva ser dado noutra ocasião."[54] Convém, contudo, seguir as orientações do bispo diocesano a esse respeito.

Tanto na vigília pascal quanto em outra celebração eucarística, o rito inicia após a homilia.

Celebração do Batismo

Apresentação dos eleitos e exortação

Depois da homilia, chamam-se os eleitos, que são apresentados pelos padrinhos.

Catequista: Aproximem-se os eleitos para o Batismo com seus padrinhos.

Presidente: Caros fiéis, apoiemos com nossas preces a alegre esperança dos nossos irmãos e irmãs, que pedem o santo Batismo, para que Deus todo-poderoso acompanhe com sua misericórdia os que se aproximam da fonte do novo nascimento.

---

[53] *Livro do catequista:* Casa da Iniciação Cristã: Catequese com Adultos – Batismo, Crisma e Eucaristia. São Paulo: Paulinas, 2018. p. 234.
[54] RICA, n. 228: "Na ausência do bispo, a Confirmação poderá ser conferida pelo presbítero que ministrou o Batismo." Rito da Confirmação: Introdução, n. 7b.

Ladainha

Senhor, tende piedade de nós!	Senhor, tende piedade de nós!
Cristo, tende piedade de nós!	Cristo, tende piedade de nós!
Senhor, tende piedade de nós!	Senhor, tende piedade de nós!
Santa Maria, Mãe de Deus,	rogai por nós!
São Miguel,	rogai por nós!
Santos Anjos de Deus,	rogai por nós!
São João Batista,	rogai por nós!
São José,	rogai por nós!
São Pedro e São Paulo,	rogai por nós!
Santo André,	rogai por nós!
São João,	rogai por nós!
Santa Maria Madalena,	rogai por nós!
Santo Estêvão,	rogai por nós!
Santo Inácio de Antioquia,	rogai por nós!
São Lourenço,	rogai por nós!
Santas Perpétua e Felicidade,	rogai por nós!
Santa Inês,	rogai por nós!
São Gregório,	rogai por nós!
Santo Agostinho,	rogai por nós!
Santo Atanásio,	rogai por nós!
São Basílio,	rogai por nós!
São Martinho,	rogai por nós!
São Bento,	rogai por nós!
São Francisco e São Domingos,	rogai por nós!
São Francisco Xavier,	rogai por nós!
São João Maria Vianney,	rogai por nós!
Santa Catarina de Sena,	rogai por nós!
Santa Teresa de Jesus,	rogai por nós!
Todos os Santos de Deus,	rogai por nós!
Sede-nos propício,	ouvi-nos, Senhor!

Para que nos livreis de todo mal,	ouvi-nos, Senhor!
Para que nos livreis de todo pecado,	ouvi-nos, Senhor!
Para que nos livreis da morte eterna,	ouvi-nos, Senhor!
Pela vossa encarnação,	ouvi-nos, Senhor!
Pela vossa morte e ressurreição,	ouvi-nos, Senhor!
Pela efusão do Espírito Santo,	ouvi-nos, Senhor!
Apesar de nossos pecados,	ouvi-nos, Senhor!
Para que vos digneis dar nova vida a estes eleitos que chamastes ao Batismo,	ouvi-nos, Senhor!
Jesus, Filho do Deus vivo,	ouvi-nos, Senhor!
Cristo, ouvi-nos!	Cristo, ouvi-nos!
Cristo, atendei-nos!	Cristo, atendei-nos!

Quem preside diz, de mãos unidas, a seguinte oração:

Presidente: Ó Deus de bondade, manifestai o vosso poder nos sacramentos que revelam vosso amor. Enviai o Espírito de adoção para criar um novo povo, nascido para vós nas águas do Batismo. E, assim, que possamos ser, em nossa fraqueza, instrumentos do vosso poder. Por Cristo, Nosso Senhor.

Todos: *Amém!*

Oração sobre a água

Quem preside, voltado à fonte, reza a seguinte oração:

Presidente: Ó Deus, pelos sinais visíveis dos sacramentos realizai maravilhas invisíveis. Ao longo da história da salvação, vós vos servistes da água para nos fazer conhecer a graça do Batismo. Já na origem do mundo, vosso espírito pairava sobre as águas para que elas concebessem a força de santificar.

Todos: **Fontes do Senhor, bendizei o Senhor!**

Presidente: Nas próprias águas do dilúvio, prefigurastes o nascimento da nova humanidade, de modo que a mesma água sepultasse os vícios e fizesse nascer a santidade. Concedestes aos filhos de Abraão atravessar o mar Vermelho a pé enxuto, para que, livres da escravidão, prefigurassem o povo nascido da água do Batismo.

Todos: Fontes do Senhor, bendizei o Senhor!

Presidente: Vosso Filho, ao ser batizado nas águas do Jordão, foi ungido pelo Espírito Santo. Pendente da cruz, do seu coração aberto pela lança, fez correr sangue e água. Após sua ressurreição, ordenou aos apóstolos: "Ide, fazei meus discípulos todos os povos, e batizai-os em nome do Pai, e do Filho e do Espírito Santo."

Todos: Fontes do Senhor, bendizei o Senhor!

Presidente: Olhai, agora, ó Pai, a vossa Igreja e fazei brotar para ela a água do Batismo. Que o Espírito Santo dê por esta água a graça de Cristo, a fim de que homem e mulher, criados à vossa imagem, sejam lavados da antiga culpa pelo Batismo e renasçam pela água e pelo Espírito Santo para uma vida nova.

Quem preside, se for oportuno, mergulha o círio pascal na água uma ou três vezes (ou apenas toca na água com a mão), dizendo:

Presidente: Nós vos pedimos, ó Pai, que por vosso Filho desça sobre esta água a força do Espírito Santo.

E mantendo o círio na água, continua:

Presidente: E todos os que, pelo Batismo, forem sepultados na morte com Cristo, ressuscitem com Ele para a vida. Por Cristo, Nosso Senhor.

Todos: *Amém!*

Quem preside retira o círio da água enquanto todos aclamam:

Fontes do Senhor, bendizei o Senhor! Louvai-o e exaltai-o para sempre!

Renúncia

Presidente: Para viver na liberdade dos filhos de Deus, vocês renunciam ao pecado?

Eleitos: Renuncio!

Presidente: Para viver como irmãos, vocês renunciam a tudo o que causa desunião?

Eleitos: Renuncio!

Presidente: Para seguir Jesus Cristo, vocês renunciam ao demônio, autor e princípio do pecado?

Eleitos: Renuncio!

Unção com o óleo dos catecúmenos

Se a unção com o óleo dos catecúmenos não tiver sido incluída entre os ritos de preparação imediata, ela deve ser feita neste momento.[55]

Presidente: O Cristo Salvador lhes dê sua força simbolizada por este óleo da salvação. Com ele os ungimos no mesmo Cristo, Senhor Nosso, que vive e reina para sempre.

Todos: *Amém!*

Cada catecúmeno é ungido no peito ou em ambas as mãos.

Profissão de Fé

Dirigindo-se aos eleitos, quem preside diz:

Presidente: Você crê em Deus Pai todo-poderoso, criador do céu e da terra?

Eleitos: Creio!

Presidente: Crê em Jesus Cristo, seu único Filho, Nosso Senhor, que nasceu da Virgem Maria, padeceu e foi sepultado, ressuscitou dos mortos e subiu ao céu?

Eleitos: Creio!

Presidente: Crê no Espírito Santo, na santa Igreja Católica, na comunhão dos Santos, na remissão dos pecados, na ressurreição dos mortos e na vida eterna?

Eleitos: Creio!

Depois de sua profissão de fé, cada um é imediatamente batizado por imersão ou infusão.

---

[55] RICA, p. 127-131.

ADULTOS

Banho batismal

Convém que a água seja abundante, de modo que o Batismo apareça como uma verdadeira passagem pela água ou banho.

Se o Batismo for por infusão, convém que o padrinho, a madrinha ou ambos coloquem a mão direita sobre o ombro direito do eleito. As mesmas pessoas poderão acolhê-lo ao sair da fonte se o Batismo tiver sido feito por imersão.

Quem preside batiza o eleito dizendo:

N., EU TE BATIZO EM NOME DO PAI,

Mergulha o eleito ou derrama a água pela primeira vez.

E DO FILHO,

Mergulha o eleito ou derrama a água pela segunda vez.

E DO ESPÍRITO SANTO.

Mergulha o eleito ou derrama a água pela terceira vez.

AMÉM!

Entrega da luz

Quem preside, tomando ou tocando o círio pascal, diz:

Presidente: Aproximem-se os padrinhos e madrinhas, para entregar a luz aos que renasceram pelo Batismo.

Os padrinhos e madrinhas aproximam-se, acendem uma vela no círio pascal e a entregam ao afilhado. Depois disso, quem preside diz:

Presidente: Deus tornou vocês luz em Cristo. Caminhem sempre como filhos da luz, para que, perseverando na fé, possam ir ao encontro do Senhor com todos os Santos no reino celeste.

Batizados: *Amém!*

ADULTOS

Confirmação ou Crisma

Presidente: Queridos irmãos e irmãs neófitos: vocês acabaram de ser batizados, receberam uma nova vida e se tornaram membros de Cristo e de seu povo sacerdotal. Resta-lhes, agora, receber, como nós, o Espírito Santo, que foi enviado pelo Senhor sobre os Apóstolos no Dia de Pentecostes, sendo transmitido por eles e seus sucessores aos batizados. Vocês receberão a força do Espírito Santo, pela qual mais plenamente configurados a Cristo, darão testemunho da paixão e ressurreição do Senhor e se tornarão membros ativos da Igreja para a edificação do Corpo de Cristo na fé e na caridade.

Roguemos, irmãos e irmãs, a Deus Pai todo-poderoso que derrame o Espírito Santo sobre estes novos filhos e filhas, a fim de confirmá-los, pela riqueza de seus dons, e configurá-los pela sua unção ao Cristo, Filho de Deus.

Todos rezam em silêncio.

Quem preside (e os presbíteros concelebrantes), impõem as mãos sobre todos os confirmandos, mas só quem preside diz:

Presidente: Deus todo-poderoso, Pai de Nosso Senhor Jesus Cristo, que, pela água e pelo Espírito Santo, fizestes renascer estes vossos servos e servas, libertando-os do pecado, enviai-lhes o Espírito Santo Paráclito; dai-lhes, Senhor, o espírito de sabedoria e inteligência, o espírito de conselho e fortaleza, o espírito de ciência e piedade e enchei-os do espírito de vosso temor. Por Cristo, Nosso Senhor.

Todos: *Amém!*

Cada confirmando se aproxima ou, se for oportuno, quem preside se aproxima de cada um. Colocando a mão direita sobre o ombro do confirmando, o padrinho (ou a madrinha) diz o nome do afilhado a quem preside ou o próprio confirmando o declara. Quem preside, tendo mergulhado o polegar no óleo do Crisma, marca o confirmando na fronte com o Sinal-da-Cruz, dizendo:

Presidente: N., RECEBE, POR ESTE SINAL, O ESPÍRITO SANTO, O DOM DE DEUS.

Confirmado: *Amém!*

Presidente: A paz esteja contigo.

Confirmado: E contigo também.

Na vigília pascal, após o rito do Batismo e da Confirmação, toda a assembleia, de pé e com as velas acesas, renova as promessas do Batismo. Segue-se a aspersão do povo, durante a qual se canta um hino ou um salmo apropriado.

A celebração continua normalmente e, no momento da comunhão eucarística, os neófitos comungam por primeiro.

CELEBRAÇÃO DOS SACRAMENTOS DA CRISMA E DA EUCARISTIA DE ADULTOS[56]

Quando os adultos já são batizados, completam sua Iniciação à Vida Cristã com os sacramentos da Crisma e da Eucaristia numa celebração eucarística, preferencialmente, do Tempo Pascal. Não se deve, porém, celebrar junto com os catecúmenos na vigília pascal.

Após o Creio, convidam-se os crismandos e seus padrinhos para que se aproximem do presbitério.

Confirmação ou Crisma

Presidente: Caros irmãos e irmãs, roguemos a Deus onipotente por estes seus filhos. Que Ele, no seu amor os regenerou para a vida eterna mediante o Batismo e os chamou a fazer parte de sua família, infunda neles o Espírito Santo. Que os confirme com a riqueza de seus dons e com a unção do Crisma os configure plenamente a Cristo, seu Filho único.

Todos rezam, em silêncio, alguns instantes.

Quem preside (e os presbíteros concelebrantes), impõem as mãos sobre todos os confirmandos, mas só quem preside diz:

Presidente: Deus todo-poderoso, Pai de Nosso Senhor Jesus Cristo, que, pela água e pelo Espírito Santo, fizestes renascer estes vossos servos e servas, libertando-os do pecado, enviai-lhes o Espírito Santo Paráclito; dai-lhes, Senhor, o espírito de sabedoria e inteligência, o espírito de conselho e fortaleza, o espírito de ciência e piedade e enchei-os do espírito de vosso temor. Por Cristo, Nosso Senhor.

Todos: *Amém!*

---

[56] *Livro do catequista:* Casa da Iniciação Cristã: catequese com adultos – Batismo, Crisma e Eucaristia. São Paulo: Paulinas, 2018. p. 241.

ADULTOS

Cada confirmando se aproxima ou, se for oportuno, quem preside se aproxima de cada um. Colocando a mão direita sobre o ombro do confirmando, o padrinho (ou a madrinha) diz o nome do afilhado a quem preside ou o próprio confirmando o declara. Quem preside, tendo mergulhado o polegar no óleo do Crisma, marca o confirmando na fronte com o Sinal-da-Cruz, dizendo:

Presidente: N., RECEBE, POR ESTE SINAL, O ESPÍRITO SANTO, O DOM DE DEUS.

Confirmado: *Amém!*

Presidente: A paz esteja contigo!

Confirmado: E contigo também!

Seguem as preces dos fiéis.

A celebração continua normalmente e, no momento da comunhão eucarística, os recém-confirmados comungam por primeiro.

ADULTOS

ENVIO MISSIONÁRIO E ENTREGA DA CRUZ[57]
(Preferencialmente em Pentecostes)

Preparar
Uma cruz para cada catequizando.

Comentário inicial

Catequista: Sejam todos bem-vindos a esta Eucaristia, memorial da paixão, morte e ressurreição do Senhor. Acolhamos, de modo especial, os irmãos e irmãs que completaram sua iniciação cristã neste tempo pascal e hoje recebem o envio missionário para serem sal da terra e luz do mundo na Igreja e na sociedade. Com muita alegria, acompanhemos a procissão de entrada, cantando:

A procissão é precedida pela Cruz e pelo Evangeliário (ou Lecionário), em seguida seguem os catequistas com seus neófitos e crismados. Eles ocupam os lugares que lhes foram reservados. A celebração segue como de costume e concluída a oração após a comunhão, segue o rito:

Envio missionário

Catequista: Aproximem-se os que receberão o mandato missionário.

Os catequizandos colocam-se diante do altar.

Presidente: Irmãos e irmãs, após um tempo de caminhada, vocês completaram sua iniciação cristã. Agora, são chamados pelo próprio Jesus a ser testemunhas do Evangelho na Igreja e na Sociedade. Nosso sinal é a cruz de Jesus. Por isso, vocês foram marcados no dia do Batismo com o sinal do Cristo Salvador. Somos todos convidados a levá-la no coração e nela reconhecer a salvação oferecida por Cristo. Hoje, ao entregarmos este sinal, queremos que vocês vivam o que Ele ensinou e possam proclamar o amor de Deus a todos que encontrarem.

Recebam a cruz do Nosso Salvador, pois a cruz é nossa vitória.

---

[57] *Livro do catequista:* Casa da Iniciação Cristã: catequese com adultos – Batismo, Crisma e Eucaristia. São Paulo: Paulinas, 2018. p. 264.

ADULTOS

Os catequizandos aproximam-se para receber a cruz. Enquanto ocorre a imposição da cruz, pode-se cantar: **No peito eu levo uma cruz, no meu coração o que disse Jesus.** *Pe. Zezinho.*

Presidente: Ó Deus, por vosso amor participamos do mistério da Paixão e Ressurreição de vosso Filho, Jesus Cristo. Fortalecei-nos no Espírito Santo para que caminhemos na vida com Cristo. Que a vossa cruz brilhe em nossa vida, dissipando as trevas do erro e da morte e iluminando nossos passos de discípulos missionários. Por Jesus Cristo, Nosso Senhor.

Todos: *Amém!*

Bênção final

Presidente: O Senhor esteja convosco.

Todos: **Ele está no meio de nós!**

Presidente: Deus todo-poderoso vos abençoe na sua bondade e infunda em vós a sabedoria da salvação.

Todos: *Amém!*

Presidente: Sempre vos alimente com os ensinamentos da fé e vos faça perseverar nas boas obras.

Todos: *Amém!*

Presidente: Oriente para Ele os vossos passos e vos mostre o caminho da caridade e da paz.

Todos: *Amém!*

Presidente: Abençoe-vos o Deus todo-poderoso, Pai, e Filho e Espírito Santo.

Todos: *Amém!*

Presidente: Glorificai o Senhor com vossa vida. Ide em paz, e o Senhor vos acompanhe.

Todos: **Graças a Deus!**

CELEBRAÇÃO DE ENVIO DE CATEQUISTAS DE TODAS AS ETAPAS: BATISMO, CRISMA, EUCARISTIA E ADULTOS

Preparar:

Bíblia

Catecismo da Igreja Católica

Círio Pascal

Vela para catequistas de todas as etapas.

Concluída a oração após a comunhão

Entrada dos catequistas

Presidente: Acolhamos nossos catequistas que, em nome da comunidade cristã, ajudarão nossas crianças, jovens e adultos a serem iniciados na fé da Igreja.

Entram em procissão todos os catequistas, com velas apagadas nas mãos. São precedidos pela Bíblia, pelo Catecismo, pelo Crucifixo e Círio Pascal aceso. Durante a entrada, pode-se entoar um canto apropriado, como segue a sugestão.

Canto: *Eis-me aqui, Senhor! Eis-me aqui, Senhor! Para fazer tua vontade, para viver do teu amor. Para fazer tua vontade, para viver do teu amor. Eis-me aqui, Senhor!*

Ao chegar, voltados para o altar, os catequistas que carregam os símbolos, leem.

Catequista 1 - Palavra de Deus

Apresentamo-nos, Senhor, diante de Ti, com a Bíblia, tua Palavra. Escutamos tua voz que nos chamou. Queremos ter sempre os olhos fixos em ti: Caminho, Verdade e Vida. – *Eis a Palavra de Deus!*

Todos: *Glória a vós, Senhor!*

Catequista 2 - Catecismo da Igreja

Apresentamo-nos, Senhor, diante de Ti, com o Catecismo da Igreja. *A finalidade da doutrina e do ensino deve fixar-se toda no amor, que não acaba.*[1] Podemos expor muito bem em que se deve crer, pelo que se deve esperar ou fazer; mas, sobretudo, devemos pôr sempre em evidência o teu amor pela humanidade.

– *Eis o rico depósito de nossa fé!*

Todos: *Bendito seja Deus para sempre!*

---

[1] *Catechismus Romanus,* Praefatio 10. Città del Vaticano - Pamplona: 1989. p. 10.

Catequista 3 - Crucifixo

Apresentamo-nos, Senhor, diante de Ti, com a Cruz. Nós anunciamos Cristo crucificado, que para os judeus é escândalo, para os gentios é loucura, mas para nós, que somos chamados, é Cristo, poder de Deus, sabedoria de Deus.

– *Eis o lenho da Cruz!*

Todos: *Da qual pendeu a salvação do mundo.*

Catequista 4 - Círio Pascal

Apresentamo-nos, Senhor, diante de Ti, com a Luz da Páscoa. Anunciamos Senhor, a vossa morte e proclamamos a vossa Ressureição. Eis o mistério do amor! – *Eis a luz de Cristo!*

Todos: *Vinde e adoremos!*

Presidente: Vós sois a luz do mundo. (Mt 5,13). Que brilhe a vossa luz, catequistas. Cristo vos iluminou para serdes luz no caminho de muita gente. Deixai que a luz de Cristo dissipe as trevas do medo, da incerteza e do cansaço. Que Cristo faça vossos catequizandos encontrar respostas, para que seus corações se encham de alegria. Anunciai a alegria do Evangelho!

Queridos catequistas, fortalecei, agora, a vossa fé na luz do Senhor, para que Ele acenda, em vosso coração, o amor de Jesus.

Canto: *A nós descei divina luz. A nós descei divina luz. Em nossas almas acendei, o amor, o amor de Jesus.*

Enquanto se canta, os catequistas acendem as velas no círio pascal. Depois, todos voltados para o círio, rezam.

Catequistas: *Ilumina-nos, Senhor Jesus, pois quem guia também precisa ser conduzido. Quem se coloca a ensinar também permanece teu discípulo. Quem recebe a missão de pastorear, não deixa de ser ovelha de teu rebanho. Por isso, te pedimos, a cada manhã, desperta nosso ouvido para escutarmos tua voz. (Is 50, 4). Assim, fortalecidos pela tua graça, sejamos instrumentos do teu amor a todos que forem confiados neste tempo rico da catequese. Em tuas mãos entregamos todo nosso propósito e os nossos trabalhos. Amém!*

Presidente: Confirmai, Senhor, com a vossa bênção, a decisão destes catequistas, que desejam tornar-se anunciadores da vossa alegria, para que o mundo conheça a salvação que vosso Filho nos revelou. Que creiam, vivam e ensinem como corajosos discípulos missionários. E a cada dia, recebam as graças necessárias para testemunharem com a vida o que ensinam pela fé. E desça sobre todos aqui reunidos a vossa bênção do Pai, e do Filho e do Espírito Santo. Amém!